신(新) 캉디드
New Candide

신(新) 캉디드

초판 1쇄 발행 2024년 3월 26일

지은이 김정은
펴낸이 장길수
펴낸곳 지식과감성ʰ
출판등록 제2012-000081호

교정 한장희
디자인 강샛별, 서혜인
편집 서혜인
검수 이주연, 이현
마케팅 김윤길, 정은혜

주소 서울시 금천구 벚꽃로298 대륭포스트타워6차 1212호
전화 070-4651-3730~4
팩스 070-4325-7006
이메일 ksbookup@naver.com
홈페이지 www.knsbookup.com

ISBN 979-11-392-1720-9(03340)
값 14,900원

- 이 책의 판권은 지은이에게 있습니다.
- 이 책 내용의 전부 또는 일부를 재사용하려면 반드시 지은이의 서면 동의를 받아야 합니다.
- 잘못된 책은 구입하신 곳에서 바꾸어 드립니다.

지식과감성ʰ
홈페이지 바로가기

신(新) 캉디드
New Candide

김정은 지음
(KBS 기자)

검찰 신(神), 검찰 신화의
악(惡)을 찾아 떠나는 여행

🌿 조국 전 법무부장관 🌿　　🌿 브런치스토리 50만 🌿
　　　추천　　　　　　　　　　조회수 기록 작가

"모든 독재하에서 민중은 신음한다.
그러나 궁극에는 민중이 독재를 무너뜨리는 법이다." _조국 전 법무부장관

**우리는 자신의 힘으로 스스로를 방어하면서
주인이 되는 고독하고 먼 여정을 떠나야 한다**

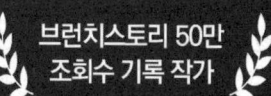

신(新) 캉디드

검찰 신(神), 검찰 신화의
악(惡)을 찾아 떠나는 여행

여호와여 악인이 언제까지, 악인이 언제까지 개가를 부르리이까.
그들이 마구 지껄이며 오만하게 떠들며 죄악을 행하는 자들이 다 자만하나이다!

– 시편 94편 3~4절

어깨를 펴고 똑바로 선다는 것은 방주를 지어 홍수로부터 세상 사람들을 지키고, 폭정으로 고통받는 사람들을 이끌고 사막을 건너겠다는 의미다. … 어깨를 펴고 똑바로 선다는 것은 옳은 것과 편한 것이 충돌하는 지점에서 십자가를 짊어지겠다는 뜻이다. 폭압적이고 엄격해서 죽은 것과 다름없는 질서를 원래의 출발점인 혼돈으로 되돌리겠다는 뜻이며 그 결과로 닥치는 불확실함을 견뎌 냄으로써 궁극적으로 더 의미 있고 더 생산적이고 더 좋은 질서를 만들겠다는 의미다.

- 『12가지 인생의 법칙』, 조던 B. 피터슨, 56p

목차

들어가며   8

1. 주인 됨에 대하여   24
2. 검사 정부, 예견된 혼돈   49
3. 부조리가 지성을 훈련시킨다   72
4. 보복   91
5. 검찰 신화   113
6. 정치적 중립성 신화   129
7. 이태원 참사, 선과 악의 데자뷔   145
8. 거부하는 자가 범인이다   157
9. 언론, 망나니가 휘두르는 칼   173
10. 조국, 역사상 가장 잔인한 광기   184
11. 노무현이 가르쳐 준 것   199

에필로그   210

들어가며

―― 분노는 정당한 시민 권리다

솔직히 말하자. 민중의 삶은 바닥으로 추락 중이다. 자존감도 한없이 무너져 내리고 있다. 만남과 대화가 있어야 할 정치는 실종됐다. 무엇이 문제인가? 민중이 문제인가, 검찰이 문제인가, 아니면 정부가 문제인가? 이 책은 이러한 의문을 독자들이 접해 온 정보와는 조금 다른 각도에서 진지하게 다룰 것이다. 분석적이고, 철학적이며, 깊이 있고, 진지한 방식으로.

영부인이 박절하지 못해 받은 '외국산 그 조그마한 파우치'가 민중의 분노에 횃불을 당겼다. 윤석열은 대선 후보 시절 부인이 주식을 해서 수천만 원 손해를 봤다고 말했는데, 훗날 영부인 모녀는 작전 기간 동안 23억을 번 것으로 드러났다. 장모가 피해를 입은 적은 있어도 남한

테 10원 한 장 피해를 준 적이 없다고 했지만, 대법원은 징역 1년 형을 선고했다.

검찰총장 시절 윤석열은 살아 있는 권력을 수사하다 직무 정지를 받는 안타까운 일을 당했다. 그러나 정작 본인이 살아 있는 권력이 되자 자신에 대한 수사를 거부하고 있다. 이는 이중적인 행태다. 그는 남의 눈의 티는 잔인할 정도로 징벌하면서 자기 눈의 들보는 보지 않는다. 검찰은 이재명 대표의 부인 김혜경을 104,000원 식사를 대접한 혐의로 기소했다. 이는 조국에 대해서는 봉사활동, 논문, 인턴십 등으로 기소하면서 한동훈의 딸에 대해서는 같거나 오히려 더 중대한 범죄 혐의가 있는데도 무혐의 처분 내린 것과 사실상 같은 맥락이다. 법과 원칙을 세우는 일은 이처럼 누구에게나 힘난한 여정이다. 이것이 이야기의 전말이다.

한편, 이태원 참사[1]로 단 한 명의 책임자도 처벌되지 않았다. 검사 시절부터 동일체주의[2]에 따라 휘하 검사가 책임지는 일, 처벌되는 일은 없었으니 놀라운 일은 아니

---

[1] 2022년 10월 29일. 서울 이태원의 할로윈 축제로 수많은 인파가 몰리며 발생한 압사 사고. 196명이 부상을 당하고, 159명(참사로 인한 최종 사망자)이 사망했다.

[2] 검사 동일체의 원칙: 검찰총장을 정점으로 하여 검찰 조직 전체가 상명하복 관계를 가지는 것을 말한다. 검사의 독립성을 해치는 요인으로 지목되어 2004년 개정된 검찰청법에 따라 다소 완화되었으나 실효성 여부에 대해서는 의문이 제기되고 있다.

다. 모든 것은 예고된 것이다. 검찰 정부가 나아갈 길은 이미 정해져 있었다. 민중에게 불어닥친 풍파와 고난, 독선, 불통도. 웃어야 할지, 울어야 할지!

> **거꾸로 예수나 바울의 이야기 가운데서 어떤 명백한 윤리적 판단이나, 정의로운 분노나, 단호한 행동조차도 금지하는 구절은 찾아볼 수가 없다.**
>
> – 『인간의 본성에 관한 10가지 이론』, 레슬리 스티븐슨,
> 제3장 '하나님과 관계된 인간', 123p

입틀막 정권은 과연 '칼'의 정권인가, '말'의 정권인가? '디올백' 수수는 범죄인가, '박절하지 못한 것'인가? 또, 녹화되고 편집된 대통령 대담은 '말'인가, '연극'인가? '바이든'인가, '날리면'인가?

대한민국 사회의 주인은 민중인가, 검사인가? 대한민국의 권력은 국민으로부터 나오는가, 검사들로부터 나오는가? 언론은 입을 꾹 다물고 모르는 척하는 것을 말해야겠다. 지금 우리 사회에 가장 중요한 질문, 바로 이것이다. 민중인가, 검사들인가?

자, 답은 확실하다. 명백한 윤리적 판단은 주권자의 몫이다. 정의로운 분노도, 단호한 행동도 주권자의 몫이다. 주권자는 결정하는 자다. 어떻게 판단할지, 분노할지, 어떻게 행동할지 주권자는 결정한다. 헌법과 법률상으로 주인은 민중이다. 그러나 실제 주인은 검찰이 아닌가? 사법부는 최후의 심판자 노릇을 내팽개친 채 이러한 검찰 독주를 끊어 내지 못하고, 번번이 검찰 손을 들어 주고 있다. ― 개탄할 노릇이다.

민중은 글로, 말로 호소한다. 민중은 분노한다. 서울 한복판에서, 혼자 결정하는 이가 있다고, 그는 주권자의 말을 경청하지도 않고, 타인과 의논하지도 않으며, 자신과 관련된 의혹에 대해서는 입 밖으로 말하지도 못하게 하는 이라고. 여기에, 이 책의 단 하나의 간명한 주제가 있다.

최후의 법정은 사법부도 행정부도 입법부도 아닌 전체로서의 유권자이다!

– 『정의론』, 존 롤스, 59절 '시민 불복종의 역할', 507p

바로 이 하나의 문장이 이 책 전체를 통해 내가 말하고자 하는 한 가지다. 바로 내가, 여러분이, 그리고 독자인 그대가 우리 사회의 최후의 법정이다! 우린 지금 그 믿음을 잃어버렸다. 그러나 우리 모두 그 믿음을 되찾아야 한다. 나의 주인성을, 나의 주인 됨을!

 오늘날, 주인으로서의 민중을 인정하지 않고, 민중 위에 군림하려는 자들을 본다. 그런가 하면 저 스스로 주인이면서, 그것을 모르는 채 주인 됨의 의무를 방기하는 자, 이 의무를 제대로 실행하지 않는 이들, 즉 어리석은 군중을 본다. 바로 이러한 현실이 오늘날 우리 민주주의를 무가치한 것, 생명력이 없는 신화로 전락시키고 있다. 정치는 정치인만 하는 것이라는 둥, 그러니 교사나 기자, 공무원은 정치적 중립성에 복종해야 한다는 둥(입을 다물라는 말이다), 사법부의 결정은 하늘의 뜻과 같이 떠받들어야 한다는 둥, 죄가 있으니 검찰이 수사를 하는 것이다, 지켜보면 다 진실이 밝혀질 것이라는 둥 헛소리를 지껄이는 한심한 자들을 본다. 이러한 주장은 민중을 민주주의로부터 철저히 분리시킨다. 이는 거짓이요, 주권자를 노예로 전락시키려는 교묘한 책략이다. 아니, 가만 있으면 아무것도 되는 게 없다. 가만히 있으면, 그저 노예가 될 뿐이다. 민주주의란 '참여' 제도다. 내가 행동하는 분량만큼 내게 자유와 권리 그리고 평안을 준다. 참여하지 않고 행동하지 않으며 말하지 않으면, 민주주의 탈을 쓴 독재가 내 자유와 권리, 안식을 약탈해 갈 수 있다.

윤석열 정부는 '공정'이라는 기치를 전면에 내세워 등장했지만 점점 '불공정'의 늪 속으로 기어들어 가고 있다. 정적에게는 보복을, 자신에게는 무한 관대를! 민중은 그렇게 생각한다. 도대체 언제 시작되었는지 기억나지도 않는 이재명 대표 검찰 수사는 아직도 진행 중이다. 그런가 하면, 검찰은 조국을 다시 수사하겠다고 공표했다. 조국이 검찰 수사를 받은 지는 무려 햇수로 5년째, 1,700여 일, 40,000시간이 넘어가고 있다. 조국과 그 가족은 자그마치 4만 시간 이상을 검찰에 시달리는 중이다. 역사를 통틀어 유례를 찾아 볼 수 없는 일이다. 사법부는 정경심 교수에게 실형을, 조국 전 법무부장관에게 실형을 선고함으로써, 조국 일가에 계속해서 실형을 선고 중이다. 사법부가 검찰 행태를 바로잡기는커녕 실형

자판기처럼 작동하며 검찰 편에 서고 있는 것이다. 민중은 울분을 토하고 있다. 노동자는 탄압, 언론은 장악, 부유층엔 특혜, 특기는 수사와 압수수색 그리고 해외여행, 윤석열 정부와 김건희 여사를 향한 온갖 의문들에 대해서는 모르쇠로 일관….

이제 윤석열 정부는 민중으로부터 거부권 정부라는 비아냥을 듣고 있다. 그러나 이 정부가 본질적으로 거부하는 것은 민중의 뜻이다. 대통령 개인의 이익과 민중의 이익이 늘 일치하지는 않기 때문이다. 계속되는 거부권 남용에 이어 자신들(대통령과 영부인)이 연루된 특검법마저 거부한 것은 우리 헌정사에 없던 일이자 권력 남용이라고 사람들은 말한다. 거기에 대통령으로서의 능력, 덕성도 도마 위에 올랐다. 민중이 국가 최고 리더에게 요구하는 두 가지, 즉 도덕성과 실력 모두에 빨간불이 켜진 것이다.

이건 우리가 기대한 정치가 아니라 거짓, 폭력, 야만이다!

군중의 한쪽은 조국 일가를 쥐 잡듯이 수사하고 (괴롭히며) 기소하는 검사들을 영웅시했다. 그 반대편에서는 이것은 수사가 아니라 정치 행위이자 보복이며 검찰 기득권을 지키고자 하는 공격이라고 비판했다. 생각은 각자의 몫!

윤석열이 국가 지도자가 되는 과정을 생각하면 공포정치[3], 기요틴(guillotine, 단두대)으로 민중의 영웅으로 떠오른 로베스피에르[4]를 연상시킨다. 로베스피에르처럼 그 역시 사람을 살림으로써 영웅이 된 것이 아니라 사람을 죽임으로써 영웅이 된 부류에 속한다. 논의와 말로, 합의와 경청으로 영웅이 된 것이 아니라 그 정반대, 즉 일방적이고 공격적이며 폭력적이기까지 한 방식, 수사와 압수수색, 구속과 여론재판으로 영웅이 되었다. 이는 엄밀히 말해 민주주의적 방식이 아니다. 군중은 이 점을 간과했다. 윤석열은 검찰수사 과정에서의 외압 폭로로 스타덤에 올랐고 촛불 정부 때 검찰총장이 되었으나 조

---

3) 공포정치: 처형이나 고문, 투옥 등 폭력적인 수단을 통해 공포감을 조성하여 정권을 유지하는 정치 형태를 말한다.

4) 막시밀리앵 드 로베스피에르(1758~1794): 18세기 프랑스의 지도자로, 왕실 반대 운동을 벌이며 시민들의 지지를 받았으며 프랑스 혁명을 주도한 정치가이다. 사실상 독재자로 불리며 공포정치를 통해 많은 반대파 세력을 축출했으나 본인 또한 1794년 반대파에 의해 처형당한다.

국 법무부장관을 쓰러뜨리며 민중이 염원했던 검찰개혁에 사실상 저항했다.

> 현실에서는 어쨌든 '친문'을 갖다가 이제 이 정권의 연장을 막기 위해서는 어찌 됐든 국힘 하고 다 손을 잡아야 돼. … 만약에 이놈 새끼들(국힘 의원) 가서 개판 치면은 당 완전히 뽀개 버리고 … 후보 되면 비대위원장이 돼 갖고 당대표부터 전부 해임할 수 있습니다.
>
> – '시민언론 더탐사', 윤석열 국힘 대선 후보 시절 녹취 중

여기 이 말 어디에 민주주의가 있고 민중이 있으며 주권, 주인성에 대한 예찬이 있는지 모르겠다. 여기 이 말 어디에 대통령으로서의 올바른 목표가 담겨 있는지 알 수가 없다. 그러나 누구든지 이 말을 통해 알 수 있는 최소한은 적의와 증오 그리고 적개심이다.

권력이란 그런 것이다. 언론은 권력의 실체에 접근조차 할 의지가 없기에, 지저분하고 저열하며 야만적인 진실은 은폐된다. 사람들은 군중심리에 이끌리고 진실에 관해서는 무관심하다. 그렇기 때문에 예로부터 '군중의 지혜'란 말은 없다.

── 민주주의 그 자체는 선도 악도 아니다

 민주주의란 때로 최선의 선택을, 때로는 최악의 선택을 허용한다. 그러나 선거 결과에 따른 참혹한 현실의 무게는 오롯이 민중이 진다. 내가 선택한 이가 민주주의를 배반하고 내 삶을 위협한다고 해도 그 책임은 내가 져야 한다. 권력자는 자리에서 떠나 버리면 그만이다. 권좌에서 물러난 자가 민중을 향해 "평가는 역사가 한다."라는 둥 헛소리를 지껄여도 책임을 물을 길이 없다. 그러니 권력을 손에 쥔 이를 향해서가 아니라 우리 각자를 위해 정치를 중요하게 여겨야 하는 것이다.

 정치는 참여를 뜻한다. 참여하는 자가 주인이다. 책임성 있는 주인이란 거저 될 수 없다. 희생이 필요하다. 감 놔라 배 놔라 개입하고 간섭하려면 진실을 알아야 하고, 분별력이 있어야 한다. 그렇기 때문에 언론이 중요한 것이다. 자, 권력을 맡겨 놓고 이 권력이 어떻게 사용되든지 간에 관심이 없다면, 이는 사실상 주인이 아닌 것이다. 우리가 고양이 목에 방울을 달아 놓고 감시하지 않는다면, 권력은 언제든 사유화되거나 부정의의 길로 들어서려 할 것이다. 2017년에 벌어진 국정농단 사태가 좋은 예다.

—— 다시, 캉디드!

18세기에 살았던 프랑스 철학자 볼테르는 기독교를 핵심 문제로 주목했다. 기독교가 민중의 자유와 권리를 억압하고 있다는 것이었다. 볼테르는 당시 유럽 사회를 지배한 기독교 신화의 모순을 적나라하게 파헤치고 이를 정면으로 논박했다.

'신의 섭리하에 모든 것은 선으로 귀결할 것이다?'

아니, 그렇지 않아. 기독교는 오히려 문제를 더 꼬이게 만들고 있어. 우린 기독교 신화에서 벗어나야 해. 우리 스스로 현실의 문제를 해결해야만 해. 그건 우리에게 주어진 책임이야!

볼테르 이후, 니체가 망치를 들고 이 주장에 합류했다. 니체는 선언했다.

"신(神)은 이제 인간에게 자리를 비켜 줘야겠어!"

볼테르가 쓴 『캉디드』는 1759년 프랑스에서 발간되었다. 볼테르는 '캉디드'란 인물을 내세워 현실 세계에 널리 퍼져 있는 모순과 인간의 악행, 보통 사람들이 겪는 비참을 적나라하게 묘사했다. 볼테르의 눈에 현실 세계란 기독교 신화의 은총이 아니라 여전히 고통과 알 수 없는 비극이 이어지고 있는 곳이었다.

나는 250여 년 전 볼테르가 쓴 책 『캉디드』에서 영감을 얻었다. 만약 볼테르가 창조한 18세기 '캉디드'가 21세기 한국을 여행한다면 어떤 일이 벌어질까? 캉디드는 대한민국에서 무엇을 읽고, 무엇을 보고, 무엇을 들으며 그래서 무엇을 느끼게 될까?

이곳은 검찰과 언론이 지배하고 있군. 검찰과 언론은 이곳 사람들에게 이렇게 말하네. "우리(검찰과 언론)가

이 세계를 선으로 이끌 것이다."

21세기 대한민국의 '캉디드'는 이 말에 동의하지 않을지 모른다. 그는 이렇게 말할 수도 있다.

"검찰(과 언론)은 이제 시민들에게 자리를 비켜 줘야겠어. 우리 힘으로, 우리 시민들 스스로 길을 열어 갈 테니까."

───── 주인이 되는 것

『신(新) 캉디드』는 한마디로, 주인에 관한 이야기다. 주인이 되는 것. 우리 스스로 이야기의 주인공이 될 수 있는가? 주인에게 주어진 역할과 책임을 감당해 낼 준비가 되어 있는가? 이것이다.

『신(新) 캉디드』는 내가 주인이 되어 온갖 거짓 신화를 깨부수고자 하는 자들을 위한 선언이자 고발이다. 누군가 내게 말했다. 오늘날 대한민국 사회에서 주인이 되고자 하는 시민은 검찰(과 언론)이란 맹견으로부터 자신을 지켜야 한다고. 그들은 법과 자유를 들어 법과 자유를 위협하는 자들이라고.

 그러나 어쨌든 나는 말하고자 한다. 우리는 자신의 힘으로 스스로를 방어하면서 주인이 되는 고독하고 먼 여정을 떠나야 한다고. (누군가 말한 것처럼) 쫄 필요는 없다. 당당하고 의연하게 주인의 길을 가자. 어깨를 펴고 몸을 꼿꼿이 세우고 당당하게!

 내가 주인이 됨으로써 검찰(과 언론)이 쓴 신화의 허구성과 거짓을 대체하기 위해서, 이들의 엉터리 신화가 아니라 나 스스로가 이야기의 주인공이 되기 위해서는 희생이 필요하다. 고귀하고 소중하며 옳은 것을 얻기 위해서는 지금 나에게 가장 중요한 것을 바쳐야 한다. 우리의 제물은 용기, 정의, 선(善)이다. 희생하지 않으면, 나의 저 깊은 내면으로부터 이것들을 끄집어내 공동체를 위해 바치지 않는다면 아무것도 얻을 수 없을 것이다. 지금 싸우지 않는다면, 지금 저항하지 않는다면 지금보다 더 악질적이고 비인간적인 지옥이 펼쳐질 것이다. 이는 우리가 마땅히 짊어져야 할 책임을 회피하는 것이다. 나를 위해서도 이후 세대를 위해서도 결코 바람직한 일이 아니다. 노예근성, 무관심, 그릇된 이기주의, 지역주의, 나만 잘 살면 그만이다 식의 비뚤어진 자기애로부터 벗어나야 한다. 문제의 원인을 찾아내고 잘못된 것을 바로잡아야 한다. 부조리한 세계를 해체하고 부수고 깨 버림으로써 새것을 만들어 내야 한다. 이를 위해 우린 각자 대가를 지불해야만 한다. 희생을 치러야만 한다. 각자가 자기 어깨에 십자가를 짊어져야 한다.

- 관악구 12층 서재에서
김정은 드림

시민으로서 내정(內政)을 펼 때의 용감한 불굴의 정신은 군인의 용감한 정신에 비해 뒤떨어지는 것이 아니다. 아니 오히려 시민으로서의 용기는 군인의 용기보다 더 많은 정력과 더 큰 열의가 필요한 것이다.

- 『키케로의 의무론』, 키케로, 65p

1. 주인 됨에 대하여

──── 독재적 권력

캉디드는 생각한다. '민주주의는 자연이 아니야.' 민주주의, 인간이 만들어 낸 것, 창조한 것이다. 수십만 년이라는 호모 사피엔스의 긴 역사로 보자면, 이는 가장 최근에 만들어진 신화 중 하나다. 민주주의 그 자체는 아무것도 아니다. 다만, 어떻게 이것을 다루는가에 따라 민중을 행복으로 이끌 수도 있고 그 반대일 수도 있다. 국가가 사회의 선을 위해 복무한다면 민중 모두에게 이익이 돌아간다. 그러나 정반대의 경우도 있다. 국가권력이 민중을 배반하고 사익을 추구한다면, 그로 인한 불이익이 민중에게 돌아가는 것이다. 주인은 민중이요, 결과도 민중이 책임져야 한다.

"국민은 늘 무조건 옳다. 어떤 비판에도 변명해선 안 된다."

– 윤석열 대통령, 비공개회의에서 대통령실 참모들에게, 2023. 10. 18.

민중이 원하는 것은 말이 아니라 행동이야! 사람들은 캉디드에게 말했다. 말은 누가 못 하는가? 행동을 하라! 행동으로 증명하라! 권력엔 올바른 목표가 있어야 하고, 이를 관철하기 위한 성실함과 의지가 필요하다. 예를 들어 정부가 민중을 향해 주먹을 날리면서 평화를 말하는 것은 기만이 아닌가? 실제로는 국가권력이 자기 이익 챙기기에 급급하면서 입으로는 민중을 말한다면 이것은 심각한 부조리가 아닌가? 권력을 손에 쥔 이들마다 주인(민중)을 따르고, 주인을 섬기며 주인의 이익을 위해 일하겠노라고 주인을 치켜세운다. 그러나 중요한 건 행동이다. 립서비스가 아니라 구체적인 정책, 권력의 집행을 통해 이를 입증해야 한다. 그렇지 않으면, 민중은 심판할 것이다!

"독재적 권력"이란 실제로는 폭력에 다름 아니다. 폭력에는 매개 능력이 없다. 그에 반해 권력은 타인의 영혼에 깃들고, 자신이 황폐해지지 않기 위해 타인들을 포괄해야만 한다. 권력에는 매개에 대한 배려가 내재한다. 권력은 결코 맹목적이지 않다. 그에 반해 매개를 모르는 독재는 권력의 토대를 흔들리게 한다.

– 『권력이란 무엇인가』, 한병철, 제5장 '권력의 윤리학', 168p

권력이 결코 맹목적이지 않은 것은 '매개' 때문이다. 타인의 영혼에 깃든 권력, 타인들을 포괄하는 권력은 맹목적이지 않다. 이러한 권력은 주권자의 공동의 의지를 실현한다. 주권자의 의지에 복종한다. 이러한 권력은 민중을 껴안고, 경청하고, 포용한다.

이에 반해 폭력은 본디 매개(둘 사이의 관계를 맺어 주는 것)의 능력이 없어, 라고 캉디드는 말한다. 폭력에는 타인의 영혼이 깃들 공간이 없다. 폭력은 독단적이고 주관적이며 이기적이다. 독재적 권력은 폭력이다. 독재적 권력은 오직 자기 힘, 자기 이익을 위해 타인을 억압한다. 독재 사회에서 타인의 영혼은 짓밟히고 무시되며 심지어 경멸의 대상이 된다. 독재자는 타인에게 보복한다.

민주주의 사회란 '매개 사회'이고, 필연적으로 폭력을

부정하게 되어 있어, 라고 캉디드는 생각한다. 그렇다, 권력에는 매개에 대한 배려가 내재한다. 매개에 대한 배려란 곧 타자에 대한 배려, 민중에 대한 배려다. 민중에 귀 기울이고, 민중을 배반하지 않으려는 노력이다.

독재적 권력이란 본디 폭력적 권력을 의미한다. 독재적 권력은 타인을 배려하거나 민중의 말에 귀 기울이거나 민중을 품지 않는다. **독재적 권력은 타인을 부정한다. 독재적 권력은 필연적으로 반(反)민중적이다.** 독재적 권력자는 타인의 말을 경청하지 않고 배척한다. 독재자는 타인을 거부한다. 그는 귀를 닫고 눈을 감고 타인의 입을 자기 손으로 막는다. 그는 말하려는 이의 입을 두 손으로 덮고 사지를 들어 바깥으로 쫓아낸다. 독재적 권력은 타인을 폭력으로 다스린다.

대통령 경호처는 국회의원을 강제로 끌고 나갔다. 2024년 1월 18일, 전북 전주시에서 열린 전북특별자치도 출범식에서였다. 강성희 의원은 윤석열 대통령을 향해 "국정 기조를 바꿔야 한다."라고 말했다. 그러자 경호원들이 달려들어 그의 입을 틀어막고 몸을 들어 올려 강제로 퇴장시켰다. 그리고 한 달 뒤 카이스트 졸업

생에게도 동일한 일이 벌어졌다. 폭력은 우연히 벌어지지 않는다.

   대통령 경호원들이 실제로 끌어낸 것은 민중이다. 이들이 사지를 들어 끌어낸 것은 민주주의다. 이것이 의미하는 건 '거부'야, 라고 사람들은 캉디드에게 말했다. 이는 '매개'가 아니라 '분리'다. '단절'이며 '격리'다. 캉디드는 이 장면을 보고 경악했다. 이것이 과연 2024년의 민주주의인가? 그는 고개를 절레절레 흔들었다.

—— 이태원 참사는 필연이었을까?

『리바이어던』에서도 국가는 위에서 말한 "인간"으로 묘사된다. "아주 많은 사람이 저마다 다른 사람과 상호 계약을 맺음으로써 이 인간(국가-옮긴이)이 하는 모든 행동은 바로 그 사람들 자신이 하는 행동과 같은 것으로 된다. 그렇게 하여 이 인간은 자신이 평화와 공동의 방위에 필요하다고 판단하는 바에 따라 모든 사람의 힘과 수단을 동원할 수 있는 것이다." 이에 따르면 주권자의 모든 행동과 판단은 동시에 신민 자신의 주체적 행동과 판단이기도 하다. 그래서 주권자는 "어떤 행동으로도 자신의 신민에게 부당하게 해를 입히지" 못한다. 궁극적으로 신민은 자기 자신에게, 즉 자기 자신의 의지에 복종할 따름이다. 그 의지는 동시에 모든 사람의 의지이기도 하다.

- 『폭력의 위상학』, 한병철, 4. '폭력의 정치', 96p

평화와 공동의 방위란 모든 민중의 의지의 결과물이다. 민중은 자기 자신의 의지에 복종함으로써 평화와 공동 방위에 기여한다. 주권자란 본질적으로 자기 의지에 복종하는 자다. 이는 동시에 모든 사람의 의지다.

국가는 민중의 평화와 공동의 방위를 책임지는 저지선이다. 국가는 모든 사람의 의지의 총합이어야 한다. 평화와 공동 방위에 실패하면, 그에 맞는 책임을 져야 한다. 이는 국가가 제 책임과 기능에 심각한 소홀이 있었음을 입증하기 때문이다.

우리가 모여 살아가는 현실에서는 민중의 이익은커녕 기본권, 자유 그리고 나아가 아주 기본적인 안전조차 보장되지 않을 수 있다. 국가는 계속해서 부정하고 있지만 사람들은 말한다. "이태원 참사는 결코 우연히 벌어진 일이 아니야!"

마침내 사건이 발발했다. 서울 이태원 도심 한복판에서! 2022년 10월 29일, 토요일이다. 민중은 이날을 결코 잊을 수 없다. 이 사건은 책임지는 사람 한 명 없이 여전히 진행형이다. 진실은 규명되지 않았고, 피해자 가족은 여전히 슬프게 울고 있다. 서울 도심 한복판에서 151명(참사로 인한 최종 사망자는 159명이다)이 압사로 인해 죽음을 맞이할 수 있는가? 경찰은 그 시간에 어디에서 무엇을 하고 있었는가? 집회와 시위 때문에? 대통령 사저 경호? 마약 단속 때문에? 민중의 안전을 책임지는 이들, 경찰, 행정안전부, 그리고 나아가 정부는 대체 뭘 하고 있었던 걸까? 사람들 모두가 절규했다. "이는 민중에 대한 국가권력의 총체적 기망이자 나태의 결과다!" "책임자를 처벌하라!"

캉디드도 함께 울었다. 캉디드는 도저히 이 사실을 믿을 수 없었다. 가장 실망스러운 것은 국가의 처사였다. 상처받고 분노하며 슬프게 우는 타인의 영혼을 보듬어 줄 의지가 국가에 아예 결여되어 있다는 것 말이다.

"이 시간은 이미 골든타임이 지난 시간이었다!"
— 이상민 행정안전부 장관, '이태원 참사 국정조사 특별위원회'(국조특위) 1차 기관보고에 출석해, 2022. 12. 27.

이러한 말은 울림이 없다. 울림이 없는 말은 타인의 영혼에 깃들 수 없다. 울림 없는 말은 타인을 황폐하게 만든다. 이러한 말은 국가를 지옥으로 만든다. 이러한 말은 민중을 국가와 매개하지 못한다. 배려가 없기에, 국가권력의 토대를 흔들 뿐이다.

참사가 일어난 뒤 국가는 참사 피해자 가족을 만나지 않았다. 단 한 번도! 어떻게 이럴 수 있는가? 민중은 개탄한다. 국가의 진정 어린 위로, 배려는 없었다. '매개'하려는 의지는 실종되었다. '이태원참사특별법'이 국회에서 발의되기까지 정부는 사실상 이 문제를 방치했다. 그리고 마침내 국회를 통과한 특별법에 거부권을 행사했다.

> "저도 마찬가지고, 대통령이나 대통령 부인이 어느 누구 한테도 박절하게 대하기는 참 어렵습니다."
>
> – 김건희 여사 명품백 수수 논란에 대해 윤석열 대통령,
> 'KBS 특별대담 대통령실을 가다', 2024. 2. 7.

고가의 명품백을 받은 영부인의 행태에 대해 대통령은 "그녀가 사람을 박절하게 내치지 못했기 때문에 그런 일이 일어났다."라고 해명했다. 그러나 참사 발발 이후 1년

이 넘도록 대통령을 만나지 못한 이태원 참사 유가족을 생각하면, 앞뒤가 맞지 않는 말이다. 민중에게는 정부가 그 이상으로 박절할 수는 없는 노릇이다. 사람들은 분노하지 않을 수 없다. 명품백을 내밀지 않으면, 개인적 인연이 없다면, 민중은 대통령이나 대통령 부인을 대면할 수 없는 것인가? 대통령이나 대통령 부인은 사적으로 고가의 명품백을 받는다고 해도 박절하지 못했다는 한마디면 법적으로, 도덕적으로 용서받는 것인가?

참사 피해자 가족을 만나지 않는 것은 정부가 민중을 대하는 태도를 보여 준다. 타인의 영혼에 깃들고자 하는 의지의 결여, 주권자에 대한 책임과 배려의 결핍을 보여 준다. 참사 이후 참사를 대하는 정부의 태도는 그야말로 또 하나의 참사야! 사람들은 말한다.

이태원 참사는 정녕 필연이었을까? 캉디드는 민중의 호소를 들었다. 우연과 필연을 구분하는 것은 그렇게 복잡한 문제가 아니야! 권력이 본분을 벗어나 술에 취하고 사익을 탐할 때 민주주의는 처절하게 파괴되는 것 아닌가? 민중의 안전은 그 어디에서도 보장받을 길이 없는 것 아닌가?

'자리에 가만히 있으라!'

— 세월호 참사 당시 승무원의 선내 방송에서

그러므로 권력자들을 믿고 그저 방 안에 가만히 앉아 있어서는 안 되는 것이야! 각자도생이다! 누구도 나를 도와주거나 구조해 줄 수 없어! 우린 국가를 믿을 수 없어! 캉디드는 그 말에 고개를 끄덕였다.

"마약성범죄 단속을 위함이었다, 일선 현장에 형사들을 재배치한 것은."

— 더불어민주당 김교흥 의원, 이태원 참사 국정조사에서, 2022. 12. 29.

참사가 일어나기 몇 주 전, 윤석열 대통령은 "우리 미래 세대를 지켜야 한다는 사명감으로 마약과의 전쟁에서 승리해 주십시오."(경찰의 날 기념식에서)라고 말했고, 국무총리실과 경찰 등이 마약 단속을 목표로 움직였다. 참사가 일어난 이태원 현장에 마약 단속 경찰은 있었고, 인파 안전 관리 책임자는 없었다. 이태원에서 일어난 비극적 참사와 마약 단속 명령 간의 상관관계는 정확히 뭘까? 이 둘은 정말 무관할까? 사건의 전말은 아직 정확히 밝혀지지 않았다.

── 노예에서 주인으로

실제로 어떤 것은 날 때부터 지배받고 어떤 것은 지배하도록 구분되는 것들도 더러 있다. 치자와 피치자의 관계는 여러 종류가 있지만, 더 나은 피치자들을 지배하는 것이 더 낫다. 예컨대 들짐승을 지배하는 것보다는 인간을 지배하는 것이 더 낫다. 더 나은 자들이 생산하는 작품이 더 나은 법인데, 어떤 것은 지배하고 다른 것은 지배받는 경우 우리는 그들의 관계를 양자의 합작품이라고 말할 수 있기 때문이다.

- 『정치학』, 아리스토텔레스, 제5장 '노예제도는 자연스러운 것이다', 27p

아주 먼 옛날에는 노예제도가 자연스러운 인간 본성 가운데 하나로 받아들여졌다. 이러한 믿음에 균열이 가해진 것은 19세기에 이르러서였다. 니체는 말한다.

노예가 아니라 주인이 되자!

이러한 믿음은 '라 마르세예즈'에도 표현되어 있다.

무엇을 바라는 것인가?
이 노예들의 무리, 이 배신자들, 음모를 꾸미는 왕들은?
누구에게 씌우려는 것인가?
이 추잡한 쇠사슬과 오랫동안 준비된 이 족쇄는?
프랑스인들이여, 우리를 향한 것이라,
아, 분노하자!
이 얼마나 우리를 격노하게 하는 것인가!
저들이 꾀하길, 감히 우리들을
예전과 같은 노예로 되돌리려 하는구나!

– 「라 마르세예즈」(La Marseillaise, 프랑스 국가) 중

이로부터 100년 뒤엔 이러한 믿음이 더욱 공고해졌다.

모든 인간은 태어날 때부터 자유로우며 그 존엄과 권리에 있어 동등하다. 인간은 천부적으로 이성과 양심을 부여받았으며 서로 형제애의 정신으로 행동하여야 한다.

– 세계인권선언 제1조

그러나 이따위 고귀한 말이 무슨 소용이 있는가? 대통령과 정부, 국회 등이 본래의 의무를 상실하는 순간, 민중의 시계는 과거로 회귀하게 된다. 우린 주인으로서 늘 이러한 위험을 안고 산다.

> 저는 정권 교체하려고 나온 사람이지 대통령 하려고 나온 사람이 아니에요. 저는 대통령도, 저는 그런 자리 자체가 저한테는 귀찮습니다. 솔직한 얘기가···.
>
> – '시민언론 더탐사', 윤석열 국힘 대선 후보 시절 녹취 중

대통령 하려고 나온 사람이 아니다. 대통령 자리가 나에게는 귀찮다. 그럼 굳이 왜? 민중은 이 말에 아연실색할 수밖에 없다. 민주당에 대한 증오, '문재인 정권'에 대한 적개심 외에 다른 어떤 감정, 다른 어떤 의지, 다른 어떤 민주주의적 목표가 있었던 걸까?

캉디드는 이미 알고 있다. 옛 프랑스 황제였던 나폴레옹도 그 자신은 황제가 되기를 원한 적이 없다는 것을. 그러나 민중의 삶을 개선시키고 더 나은 민주주의를 재건하고자 하는 강한 열망과 의지 없이 어떻게 황제가 될

수 있는가? 나폴레옹은 전쟁의 승리자였을 뿐 민중의 구원자는 아니었다. 그가 원한 것은 단지 진급이었다. 진급! 한때 민중의 영웅으로 떠오른 황제의 실체는 오래지 않아 드러났다. 베토벤은 훗날 나폴레옹을 한낱 전쟁광에 불과하다고 비난했다. 젊은 시절 적을 쓰러뜨리며 승승장구하고 결국 황제의 권좌에까지 오른 나폴레옹의 말로는 그야말로 비참했다. "그는 몸이 쇠약해졌으며 엘바섬의 총통은 그를 야유했다."(구글) 그는 더 이상 전쟁을 승리로 이끌지 못했고 민중은 그에게서 돌아섰다.

—— 자기 결정

페터 비에리는 『자기 결정』에 이렇게 적었다.

우리 모두는 자신의 삶을 스스로 결정하기를 원합니다. 누구라도 열렬하게 공감할 이 이야기는 우리가 익히 알고 있는 두 가지 중요한 내용을 포함하고 있지요. 바로 존엄성, 그리고 행복입니다. … 부모의 간섭, 배우자의 은

근한 독재, 고용주나 집주인으로부터의 협박, 정치적 압제 같은 것이 없기를 바라지요. 원하지 않는 것을 시키는 사람이 없길 바라는 것입니다.

- 『자기 결정』, 페터 비에리, '자기 결정의 삶은 어떤 모습일까?', 9~10p

존엄성과 행복은 모든 인간에게 필요한 것이고 이를 위해 가장 중요한 것은 두말할 나위 없이 주인 됨의 권리다. 주인이란 무엇보다 자유를 가진 자이고 법률적으로는 '의사를 최종적으로 결정할 권력'을 가진 자다.

"대한민국은 민주공화국이다. 대한민국의 주권은 국민에게 있고, 모든 권력은 국민으로부터 나온다."(대한민국 헌법 제1조) 민주공화국! 그리고 주권! 권력! 법 중의 법이자 존재하는 모든 법조문 가운데 최상위 가치를 지닌 법인 헌법의 맨 꼭대기에 적혀 있다는 것에서 우리 사회가 맺은 계약의 최상위 가치가 무엇인지 알 수 있으리라.

카를 슈미트는 「정치 신학」에서 "주권자란 예외상황을 결정하는 자"라고 썼다. … 예외상황에서 결정을 내리는 신학적 주권자는 모든 긍정적인 권력 규범보다 앞서는 절대적 권력을 갖는다. 그 누구에게도 그에게 책임을 물을 수 없다. 예외상황에서는 주권자가 절대적으로 자기보존을 위해 중요한 사안을 결정한다. 자신을 법규범보다 상위에 정립한 주권자가 법규범의 타당성을 심판한다. 그는 최종 결정의 주체인 것이다.

- 『권력이란 무엇인가』, 한병철, 제4장 '권력의 정치학', 122p

주권자는 결정하는 자다. 결정에서 배제된다면, 그는 주권자가 아니다. 주권자란, 법규범보다 앞서 존재한다. 법을 내세워 주권자를 지배하는 것은 민주주의의 본성이 아니다. 민주주의에서 주권자는 법조차도 심판하는 자다. 주권자는 최종 결정의 주체다. 민주주의는 이러한 시민의 주권성을 옹호한다. 자기 자신을 향해 결단하려는 주권성을.

그러니, 민주주의의 핵심은 '자기 결정'이다. 캉디드는 이렇게 생각한다. 결정하는 자로서의 주권자, 이는 국가를 존속하게 하는 근본적인 힘이 된다. 이러한 맥락에서, 주권자는 절대적 권력자다.

그래, 우리는 주인이 되어야 한다. 주인 됨의 실천, 이러한 계약의 이행이란 헌법의 문장, 법적 약속에 그쳐서는 안 된다. 먼저 주인으로서 주어진 자신의 권력을 행사하려는 의지와 희생이 있어야 하고 이를 충실히 보장하고 실현시키려는 정부 혹은 정치 권력의 자세, 노력, 헌신이 있어야 한다. 이 둘(국민과 국가권력)의 관계는 마치 도교의 상징, 즉 머리와 꼬리가 맞물린 두 마리 뱀을 감싸고 있는 원과도 같다. 국민은 곧 권력이고 권력은 곧 국민이다. 혼돈과 질서, 음과 양이란 언제나 공존하고 서로 뒤바뀌며 교체된다. 이는 자연의 이치이자 세계를 움직이는 원리다.

—— 함께 살겠다는 결단

주권자의 부당한 처사를 비난하는 사람은 자기 스스로 책임져야 할 행위에 대해 불평하는 것이다. 그것은 자기 고발일 뿐이다. 신민 혹은 시민은 주권자에게서 자기 자신을 본다. 주권자의 모든 행위 속에서 자신과 마주친다. 진정 정치적인 것은 바로 이처럼 "공공의 복리 commom benefit"를 지향하는 복합적인 중개의 구조다.

"국가commonwealth"는 함께 살겠다는 정치적 결단에 의해 생겨나고 존속한다. 법질서를 지키는 주권자의 폭력을 홉스는 바이올런스라고 부르지 않고 "공동권력common power"이라고 부른다. 정치적 권력은 이러한 "공동의 것common"에서, 즉 공통의 의지에 따라 함께 행동하기에서 나온다.

– 『폭력의 위상학』, 한병철, 4. '폭력의 정치', 97p

민주주의 국가란, '함께 살겠다'는 정치적 결단으로 존속한다. '나만 살겠다'는 결단은 국가를 부정하는 것이다. 검사만 살겠다? 검사만 주인이다? 검찰 권력만이 결정한다? 사법부의 결정은 만고불변의 법칙이다? 이것은 엄밀한 의미에서 공동권력Common power을 부정하는 것이다. '나만 살겠다'는 것은 단독권력, 즉 독재다. 공동의 것Common, 공통의 의지가 아니라면, 그 권력은 정당성을, 무엇보다 권위 자체를 잃게 된다. 권위를 잃어버린 권력은 민중의 적이며, 민중으로부터 불신과 비웃음을 사게 된다.

'국가Commonwealth', '함께 살겠다는 정치적 결단', '공동권력Common power', '공동의 것Common', '공통의

의지'는 본질적으로 한 단어다. 이것들은 모두 민중의 주권성, 권력 주체로서의 민중을 의미한다. 이는 죽음과 곤경, 참사를 대하는 국가의 올바른 태도를 암시한다. 한 명의 죽음 앞에, 한 인간의 곤경 앞에, 나아가 형언할 수 없는 참사의 슬픔 앞에 국가는 어떠해야 하는지를 암시한다. 단 한 명의 죽음 앞에도 국가는 공통의 의지에 따라 행동해야 한다. 한 인간의 문제를 다룰 때에도 마찬가지다. 조국 사건은 한 인간, 한 가족의 문제가 아니다. 이는 민중 전체의 문제다. 우리의 문제인 것이다. 함께 살겠다는 정치적 결단 없이 국가는 존속할 수 없다. 국가가 공통(민중)의 의지에 따라 행동하기를 부정할 때 정치적 권력은 그 정당성을 잃게 된다.

사람들은 캉디드에게 호소했다. 이태원 참사란 곧 내 가정의 참사, 주권자의 참사, 국가권력의 참사다! 이에 대한 부정이란 함께 살겠다는 정치적 결단에 대한 부정이 아닌가? 이태원 참사 진실 규명 및 책임자 처벌에 대한 부정은 곧 함께 살겠다는 결단의 결핍을 의미한다! 조국의 사건 역시 마찬가지다. 이는 그저 한 개인의 문제로 다뤄질 수 없다. 이는 검찰의 문제, 즉 국가권력의 문제인 것이다. 국가권력의 문제는 언제나 한 개인의 문제를 압도한다. 이 둘은 비교 대상이 될 수 없다. 검찰의 과잉수사, 표적수사, 폭력의 문제는 이 시대의 가장 큰 문제다. 그 어느 개인의 문제도 검찰의 문제와는 견줄 수 없다. 과연 사법부에 그러한 폭넓은 시야, 사건의 포괄성 전체를 볼 줄 아는 문제의식이 있는지 의문이다. 캉디드는 대한민국에 그러한 일들이 있었다는 데 깜짝 놀랐다. 그는 이러한 일들을 믿을 수 없었다.

함께 살겠다는 의지의 결핍은 국가의 결핍이다. 함께 살겠다는 의지를 부정함으로써 국가는 스스로 존재 의미를 부정하게 된다. 이때 정치적 권력이란 이미 '공동의 것'이 아니다. 이는 사유화된 권력, 편취된 권력, 소수에게 독점된 권력이다.

지금 국가권력과 국민의 관계는 어떠한가? 캉디드는 궁금해졌다. 민중은 그에게 고발했다. 현 정부는 적어도 국민은 안중에 없고 해외여행과 정적 제거에만 몰두하고 있다고. 이태원 참사 특별법이 거부되는 현실의 다른 한편에서 영부인은 명품백과 같은 사치품, (잘 편집된) 사진 등에만 빠져 있다고. 주인(국민)과의 소통을 약속한 대통령은 약속을 손바닥 뒤집듯 뒤집고 도어스테핑을 멈췄다고. 나아가 곤란한 질문을 한 기자를 대통령기 탑승 명단에서 배제했다고. 그런가 하면 자신을 곤란한 지경에 빠뜨린 속보를 보도한 기자의 자택을 압수수색 하는 일도 벌어졌다고. 어떻게 이런 일들이 계속 벌어지는가? 언론의 자유를 보장해야 할 방통위는 검열위가 됐다고 사람들은 분통을 터뜨린다. 이 모든 사건이 무얼 가리키는지 나는 알지 못하겠어. 캉디드는 고개를 양쪽으로 저었다. 판단은 각자의 몫!

―― 주인이 된다는 것

그러나 불의에는 두 종류가 있다. 하나는 불의를 자행하는 자들의 것이고, 다른 하나는 그들에 의해 불의가 자행되어 자신에게 해가 돌아왔을 때 물리칠 수 있음에도 불구하고 물리치지 못하는 자들의 것이다. … 더욱이 불의에 대해 방어하거나 저항할 수 있음에도 불구하고 그렇게 하지 않는 사람은 마치 부모, 친구 또는 조국을 저버리는 것처럼 잘못을 저지르고 있기 때문이다.

- 『키케로의 의무론』, 키케로, '도덕적 선에 대하여', 31p

불의에 저항할 수 있는데, 아니, 불의에 저항해야만 하는데 저항하지 않는 것은 불의다. 이는 스스로 주인 됨을 포기하는 나약한 결정이다.

캉디드는 대한민국 민중에게 말해 주었다. "만약 230여 년 전 루이 16세에게 거부권이 있었다면 왕과 왕비 마리 앙투아네트가 처형당하는 일이 없었을지도 모른다. 그러나 루이 16세와 마리 앙투아네트에게는 거부권이 없었다."

민주주의 사회에서 단두대는 사라졌으나, 권력과 민중 관계의 본질은 동일하다. 분노를 방치한다면 무슨 일이 일어날지 알 수 없다. 어디까지나, 대통령에게 주어진 헌법상 거부권은 올바르게 쓰여야 한다. 거부! 거부! 거부! 거부하면 끝이 아니다. 거부가 사회정의에 합한 것인지, 아니면 정반대로 사회부정의에 합한 것인지 민중은 지켜보고 있다.

심리학 교수인 조던 피터슨은 그의 저서 『12가지 인생의 법칙』 프롤로그에 이렇게 적었다.

> 이 의문에 대해 내가 찾은 답은 '개인의 향상과 발전', 그리고 '누구나 자발적으로 존재의 부담을 어깨에 짊어지고 영웅의 길을 택하려는 의지'였다. 우리는 각자 자신의 삶에 대한 책임, 사회와 세계에 대한 책임을 짊어져야 한다. 우리 모두 진실을 말해야 하고, 황폐해지고 망가진 것을 고쳐야 하며, 낡고 고루한 것을 새롭게 바꾸어야 한다. 이렇게 할 때 세상을 망가뜨리고 더럽히는 고통을 줄일 수 있고, 또 그렇게 줄여 가야만 한다. … 권위주의적 신념이 가져올 공포, 붕괴된 국가가 일으킬 혼돈, 걷잡을 수 없는 자연계의 재앙, 삶의 목적이 없는 개인들의 존재론적 불안과 나약함 등이 지배하는 세상을 상상해 보라.
>
> - 『12가지 인생의 법칙』, 조던 B. 피터슨, 17p

주인이 되려면 그만한 책임을 감당해야 한다. 노예처럼 행동하면서 입으로만 생각으로만 주인이라고 읊어대는 것은 의미가 없다. 주인 노릇을 제대로 해야 비로소 진정한 의미의 주인이 되는 것이고 타인도 사회도 나를 그렇게 대접한다.

  (야만의 때엔 더더욱) 주인 스스로 주인 됨에 대한 노력이 있어야 한다. 자신이 주인임을 선언하고 행동해야 한다. 권리와 자유란 공짜로 얻어지지 않는다. 투표로 그치는 게 아니라, 내 손으로 선출한 권력을 감시하고 스스로 주인이 되고자 하는 노력은 이 불온하고 거짓된 세상을 천국으로 만들 수 있다.

  깨어 있지 않고 졸거나 잠들어 있다면 누군가 내 집으로 침입해 들어와 나의 안전, 내 가정의 안전을 위협할지 모른다. 주인은 늘 보안 체계를 튼튼히 갖추고 집을 지켜야 한다. 침입자를 향해서는 경고를 할 수 있어야 하고, 최소한의 자기방어 태세가 갖춰져 있어야 한다. 언제든 타인이 약탈해 갈 수 있는 집이란 이미 내 집이 아니다.

"그들 스스로 통치하기를 거부할 때 그들이 받는 가장 큰 벌은 자기들보다 못한 자들에 의해서 통치당하는 것일세."

- 『국가』, 플라톤, 69p

2. 검사 정부, 예견된 혼돈

—— 기획과 은폐, 모방

오로지 운에 의해 일개 시민에서 군주가 된 자는 등극 과정에서 별다른 어려움을 겪지 않지만 보위를 유지하는 데는 상당한 어려움을 겪게 된다. 마치 날아오른 것처럼 쉽게 보위에 오른 까닭에 도중에 아무런 어려움이 없었지만 등극 이후 온갖 시련이 닥쳐온다. … 이런 군주의 지위는 전적으로 그를 등극시켜 준 자의 의지와 운에 의존한다. 그러나 이 2가지 요소 모두 극히 변덕스럽고 불안정한 것이다. 이런 인물은 자신의 자리를 유지하는 방법도 모를뿐더러 안다 해도 유지할 능력도 없다. 이들의 무식은 대단한 재능과 자질을 지닌 자가 아닌 한 오랫동안 백성으로 살아온 데 따른 것이다. 이들에게 명령과 통치술에 대한 지식을 기대할 수는 없는 일이다. 또한 이들은 권력을 유지할 능력도 없다.

- 『군주론』, 마키아벨리, 제7장 '신의와 배신', 108~109p

오직 운에 의해 군주가 된 자, 보위를 유지하는 데엔 큰 어려움이 따른다. 이는 예견된 일이다. 『군주론』에서 말하듯 마치 날아오르는 것처럼 보위에 오를 수는 있어도, 막상 국가를 운영하려다 보면 그만큼 시련은 클 수밖에 없다. 그것은 전적으로 '무지' 때문이다. 운에 의해 군주가 된 자는 자신이 앉아 있는 자리를 유지하는 방법, 그 자리가 가지는 책임성, 그 자리에 요구되는 덕목에 철저히 무지하다. 사람들은 캉디드에게 말한다. 이러한 무지는 그가 평생을 검사로 살아온 데 따른 것이야! 그는 검사 경력 외엔 아무것도 없어! 통치자의 무지와 무능에 대한 대가는 통치자가 아니라 민중이 진다는 것! 여기, 문제의 심각성이 있다.

나의 혓바닥으로는 맹세했소.
마음으로는 어떤 서약도 맹세한 바 없었지만 말이오.
-『키케로의 의무론』, 키케로, '도덕적 선과 유익함의 상충', 245p

'사람은 변하지 않는다'는 격언이 있다. 한 사람의 미래는 곧 그의 과거에 어느 정도 다 드러나 있다. 그 사람의 미래를 예견할 때, 그 사람이 걸어온 길, 즉 과거를 봐야 하는 이유다.

"우리는 조각가를 어떻게 검증하는가? 우리는 그가 하는 말에 근거하여 판단하는 것이 아니라, 그의 조각품들을 보고 그가 이미 제작한 작품이 훌륭하면 그가 앞으로 제작할 작품도 훌륭한 것이라고 믿는다네."

– 『소크라테스 회상록』, 크세노폰, 제6장, 97p

윤석열, 한동훈… 이들은 검사 시절, 진실과 사회정의를 추구해 왔는가? 무지하고 폭력적인 자인가? 민주주의와 대화에 있어 대단한 재능과 자질을 지녔는가? 민중은 후회하고 있는지 모른다.

채널A 기자와 검사(한동훈)가 유시민을 무고(사냥)하려 했다는 폭로가 보도되었다. 사실이라면 (검찰과 언론의) 심각한 정치적 중립성 위반이다. 의혹이 사실이라면, 이는 죄 없는 자를 옭아매려는 거짓과 모함의 시도다. 그런가 하면 검찰이 선거 전 고발 문건을 직접 작성해 야당더러 고발하라고, 그러면 검찰이 수사하겠노라고 사주한 일도 있었다. 대검찰청 수정관실(손준성 검사)의 정치 개입 문건, 선거 개입 의혹 사건에 대해 사법부는 모두 사실로 인정했다. 이 역시 검찰의 정치적 중립성에 대한 심각한 위반이다. 손준성 검사의 수정관실이 작성한 이 문서에는 피해자가 윤석열, 한동훈, 김건희로, 피고발자는 유시민, 최강욱, (채널A 사건 보도한 뉴스타파의) 기자들 등으로 적시되어 있었다. 손준성은 윤석열 검찰총장의 수족과도 같은 위치에 있었다. 그런 그가 단독으로 이런 일을 꾸민다? 글쎄…. 윤석열 검찰총장이 진정 이 사건과 무관할까?

의문이 남는다. 검찰은 왜 항상 정치 주변을 음울하게 배회하는 걸까? 왜 늘 모략과 모반의 중심에 검찰이 있는 걸까? 이러한 검찰 관련 의문들은 단 하나도 제대로 해소된 것이 없다. 한 나라가 이처럼 검찰 조직에 끌려다니는 것은 민주주의에서 있을 수 없는 일이다.

—— 비공개, 말의 봉쇄

구약성서에 나오는 인물 다윗은 유다 왕국의 두 번째

왕이다. 다윗은 어린 시절에 목자였고 골리앗과의 전투에서 이기고 유다 왕국을 구하는 영웅이 되었다. 그는 신실하고 의로운 인물이었으나 그가 이스라엘의 왕이 되는 과정에서 수많은 인물이 죽었다. 다윗의 길, 다윗의 시대는 폭력, 보복, 살인이 난무했다. 민주주의는 이러한 폭력의 시대에 종언을 고했다. 말의 시대, 의논의 시대가 열린 것이다.

여기서 벤야민은 분명 의회의 본질을 간과하고 있다. 의회는 의논하는 장소다. 의회는 법의 수립을 폭력에서 말로 이전시킨다. 타협이 의논의 한 가지 효과로 남아 있는 한에서는 여기에 적나라한 폭력이 개입할 여지는 없다. 반면 폭력에는 절대적인 침묵, 절대적인 무언의 순간이 내재한다. 벤야민은 타협의 본질을 오인하여 그 속에서 "폭력적 성향"을 발견한다. 폭력적 성향을 지닌 사람은 애초에 타협 시도에 반응조차 하지 않는다. 민주주의는 그 본질적 핵심에서 의사소통적이다. … 독재는 말을 금지한다. 독재는 받아 적게 할 뿐이다.

- 『폭력의 위상학』, 한병철, 4. '폭력의 정치', 83p

폭력은 '말'의 반대편에 있다. 폭력은 '말'을 거부하고, 억누르며 핍박한다. '비공개'는 말을 은폐함으로써 폭력을 완성한다. '바이든-날리면' 논쟁은 우연이 아니다. 이 사건은 '말의 금지'를 극명하게 보여 주었다. 내가 허락한 말만 하라! 내가 허락한 말만 들으라!

계속되는 거부권 — 윤석열 정부는 9번 거부권을 행사했다. — 역시 같은 맥락이다. 이는 절대적인 침묵, 무언의 순간을 의미한다. 거부는 아무런 '말'도 하지 말 것, 곧 듣지 않는다, 라는 것을 의미한다. 의회에 대한 부정은 곧 민중에 대한 부정이다. 이는 본질적으로 '말'을 억압한다. 대통령의 거부권은 의논하는 장소로서의 국회를 식물로 전락시킨다.

폭력적 성향을 지닌 사람은 민주주의를 파괴한다. 민주주의는 그 본질적 핵심이 의사소통에 있기 때문이다. 폭력적 성향을 지닌 사람은 애초에 타협 시도에 반응조차 하지 않기에 늘 독단, 기밀주의가 뒤따른다. '비공개'는 독단, 기밀주의의 한 형태다. 그는 듣는 자가 아니라 혼자 결정하는 자, 즉 선언하는 자다. 그는 타인의 말을 봉쇄한다. 그는 말을 거부한다. 그는 의논을 거부하며 어떠한 타협의 시도에도 반응조차 하지 않는다. 그는 독재자다.

○ **비공개 리스트**

- 법원의 공개 명령 판결에도 검찰특수활동비 사용 내역을 공개하지 않음.
- 윤석열 검찰총장 시절 특수활동비 사용 영수증을 고의로 지우고 먹칠했는가?
- 윤석열 대통령은 영부인의 명품백 수수 사실을 언제 인지했는가? (청탁금지법 위반 의혹)
- 대검 수정관실 손준성 등이 작성한 고발 사주 문건 (피고발인이 최강욱, 유시민 등이다) 작성의 배후에 윤석열, 한동훈 검사가 있었는가?

토론, 기자회견은 공개될 때 그 의미가 살아난다. 질문을 받지 않으면, 의사소통은 불가능하다. **비공개는 은폐의 한 형태로서 독재를 모방한다.**

독재자는 오직 자신의 생각이 곧 법이고 그것이 마치

진리라도 되는 듯 공공연하게 선포한다. 그런 자들에게는 토론이 없다. 그런 자들의 토론이란 그저 자기 말을 선포하는 것 외에 아무것도 기대할 수 없다. 토론의 핵심은 참여와 공개다. 그러나 폭력적 성향을 지닌 사람은 자신 이외의 사람의 말을 허용하지 않는다.

폭력적 성향을 지닌 사람은 토론하는 흉내를 낼 뿐이다. 대통령의 비공개 민생 토론회는 결코 우연이 아니다. 대통령이 국민을 직접 만난다, 국민과의 소통이다, 라고는 하나 여기엔 취재도 생중계도 허용되지 않았다. 언론의 취재는 7분 미만의 대통령 모두 발언뿐이었다. 90분가량의 토론회는 비공개였다. 대통령은 취임 100일 기자회견 이후 2년이 가깝게 기자회견을 열지 않았다. 대통령은 무려 18개월간 기자 질문을 받지 않았다. 사전 녹화된, 편집된 대담이란 잘 기획된 한 편의 쇼(Show)다.

> 예상치 못한 질문이 나와 참모들이 당황했지만 대통령이 차분하게 답했다. … 질문은 집요했고, 답변은 소상했다.
>
> – 대통령실, 'KBS 특별대담 대통령실을 가다'에 대해 논평하며

민중은 개탄한다. 아니, 질문은 전혀 집요하지 않았어! 대담 속 질문에는 그 어떤 솔직함, 대담함, 알맹이가 결여되어 있었다! 여기엔 민중이 배제되어 있었다! 민중이 진실로 듣기 원하는 질문은 없고, 대통령에 대한 예찬만 있었다! 예상하지 못한 질문이 나왔다고? 정말 그래? 민중은 웃는다. 한 편의 우울한 블랙코미디군! 그렇다면 왜 생방송을 피했을까? 공개 대담, 공개 토론 형식이 아니라 왜 굳이 사전 녹화를 하는가? 왜 긴 시간 동안의 편집을 거치는가? 이 대담의 본질은 비공개, 편집에 있다. '기획'은 한 편의 연극이다.

자신의 생각, 주장, 목표는 오직 '말'로 진실되게 전달된다. 폭력적 성향을 지닌 사람은 장막 뒤에 숨어 토론을 모방한다. 의논의 경험, 합의의 경험이 없다면 공개 토론을 할 수 없고, 질문을 받을 수 없다. 그는 잘 짜인 각본 속에서만이 특정한 인물을 연기해 낸다. 자신의 생각, 주장, 목표는 오직 '말'로 진실되게 전달된다.

'이재명 대표 살인미수 사건'[5]이 일어나자 경찰은 범인

---

5) 2024년 1월 2일, 이재명 더불어민주당 대표가 부산광역시 강서구 대항동의 가덕도 신공항 부지를 현장 방문하였다가 지지자로 위장한 한 남성에게 흉기로 상해를 입은 사건이다.

의 신상에 대해 비공개 결정을 내렸고, 비공개를 결정한 이유도 공개할 수 없다며 밝히지 않았다. 민중은 분개한다. 이 정부는 비공개 정부인가? 왜 이토록 숨기고자 하는 것이 많은가? 대통령과 영부인, 그의 가족, 장모 등에 관한 진실은 여전히 장막 속에 가려져 있다. 대통령이 한 말, 카메라에 잡혀 생생하게 전달된 말이 정확히 무엇이었는지에 대해서도 마찬가지다.

"국회에서 이 ○○들이 승인 안 해 주면 ○○○이 쪽팔려서 어떡하나?"

이 한 문장이 전 국민을 듣기평가로 내몰았다. '바이든'인가? '날리면'인가? 그래서 대통령은 대체 무슨 말을 카메라 앞에서 한 건가? 설령 '날리면'이라고 한들 이 말이 외교 무대에서 적절한 표현이었을까? '나는 정확히 이 말을 하려 했습니다'라는 해명도 설명도 없다. 이 사건은 재판에까지 부쳐져 정정보도가 선고되었다. '사법부마저 치매에 걸린 것인가?' 민중은 분노하고 있다. MBC는 어리둥절하다. 정확히 무슨 말을 한 것인지 알아야 정정할 것이 아닌가?

캉디드는 사람들에게 물어보았다. 대체 얼마나 진실이 묻히고 있는 거지? 사람들은 다음과 같이 은폐된 사건을 나열했다.

- 채 상병 사망 사건의 진실
- 이태원 참사의 진실
- 김건희 여사와 관련된 사건들, 주가조작 의혹과 학력 위조, 논문 표절, 고속도로 종점 변경 의혹 등의 진실
- 대장동 관련 수사 무마 의혹의 진실

—— 관계를 맺는 권력

"돈봉투 부스럭거리는 소리까지 그대로 녹음되어 있습니다."

– 2022년 12월 28일, 한동훈 법무부장관, 노웅래 더불어민주당 의원의 체포동의안 표결에 앞서

검사는 신(神)을 흉내 낸다. 검사는 명확한 증거 없이도 혐의를 확신하는 자들이다. 검사는 낙인을 찍는 이

들, 사냥꾼이다. 민중은 그렇게 생각하고, 분노한다. 검주주의! 민주주의를 농락하는 검사들을 향해 민중은 비아냥거린다.

돈봉투 부스럭거리는 소리다! 한동훈의 언어는 전형적인 검사의 언어다. (표적을 향한) 그의 말은 완전한 공개 의지, 완전한 폭로, 완전한 확신으로 가득 차 있다. 자기 자신, 검사, 검사 가족, 검사 나리의 선배 등을 향해서는 그 정반대다. 비공개! 비공개! 비공개! 검사의 경우에는 그 어떤 것도 공개되어서는 안 된다. 검찰에, 권력에 불리한 것은 모조리 비공개! 민중은 어처구니가 없다. 그리하여 어떤 것은 비공개의 두터운 장막에 가려져 은폐되고 어떤 것은 정반대로 법을 거스르면서까지 공개된다. 이 모든 판단이 검사의 주권이다.

하버마스Jürgen Habermas는 '의사소통적'이라 부를 수 있는 이러한 권력 개념을 흔쾌히 받아들인다. 그는 아렌트를 인용하면서 권력의 근본 현상은 의사소통적으로 공통의 의지를 산출해내는 것이라고 말한다. "한나 아렌트는 의사소통적 행위 모델에서 출발한다. '권력은 행동하거나 무엇인가를 할 수 있는 능력에서 나오는 것이 아니다. 권력은 서로 관계를 맺고 그들과의 합의 속에서 행동할 수 있는 인간 능력에서 나온다.' 권력의 근본 현상은 자신의 목적을 위해 타자의 의지를 도구화하는 것이 아니라, 상호이해를 지향하는 커뮤니케이션을 통해 공통의 의지를 형성하는 것이다."

– 『권력이란 무엇인가』, 한병철, 제4장 '권력의 정치학', 135~136p

폭력과 독재 아래서는 민중이나 타인과 관계를 맺을 수 없다. 따라서 그 어떤 합의도, 의사소통도 불가능하다. 폭력과 독재 앞에, 의사소통적으로 공통의 의지를 산출하고자 하는 모든 노력은 물거품이 된다. 사람들은 캉디드에게 고발했다. 이재명은 만나고자 하고 대통령실은 이를 거부한다고. 이재명의 만나자는 제안과 대통령실의 거절은 계속해서 끝도 없이 반복되고 있다고. 왜 만나지 않는가? 왜 만남 자체를 거부하는가? 그렇다면 이 정부에, 이 나라의 정치에 민중은 어디에 존재할 수 있는가? 민중의 '말'과 '분노'와 '요구'는 어느 통로를 통해 의논되는가?

거부권은 본질적으로 의사소통에 대한 부정이다. 이는 관계 맺기를 거부한다. 거부권은 관계 맺기를 혐오한다. 거부권 속에는 공통의 의지를 형성할 공간이 내재되어 있지 않다. **독재적 권력은 모든 것을 홀로, 독단적으로 결정하고 통보한다.** 여기에는 주권자 간 관계를 맺고 의사소통을 통해 합의를 통해 행동할 수 있는 인간 능력이 발휘될 공간이 없다.

대통령의 심기를 건드리거나 대통령이 언짢아할 만한 말은 금지되어야 한다. 공개된 장소에서 허용되는 것은 어디까지나 대통령에 대한 공치사, 예찬뿐이다. 이는 건강한 의미에서의 관계 맺기가 아니다. 이는 상호이해를 지향하는 커뮤니케이션이 아니다. 여기엔 공통의 의지를 형성하려는 과정이 빠져 있다.

제가요, 민주당보다 국힘 더 싫어해요. 왜냐? 민주당이 이렇게 내로남불로 해 처먹을 때 국힘 놈(의원)들이 싸웠습니까? 그러니까 저 혼자 (민주당과) 싸울 때 이놈들이 싸웠어요?

- '시민언론 더탐사', 윤석열 국힘 대선 후보 시절 녹취 중

검찰총장이 민주당과 싸우는 자리였는가? 왜? 무엇 때문에? 대체 이게 무슨 말인지 모르겠다. 그가 왜 이처럼 민주당에 대해 적개심을 품고 있는지 민중은 되묻는다. 심지어, 그런 그가 이제 대통령 자리에 앉았다. 적개심과 증오를 거두고 만나고 의논하고 말해야 하는 자리다. 상대의 말을 경청하고 합의를 만들어 내야 한다. 정치를 적개심으로 할 수 있는가? 증오, 분노로 상대와 관계를 맺을 수 있겠는가?

—— 만남에 대한 거부, 관계에 대한 거부

대통령 취임 후 윤석열은 단 한 차례도 이재명 대표(제1야당 당수)를 만나지 않았다. 토론의 부재, 의논의 부재, 의사소통의 부재, 근본적으로는 말의 부재다. 과연 이러한 부재는 누구의 이익이 되는가? 민중에게? 민중의 삶에? 민중의 행복에?

토론이 없기에, 의논이 없기에 거기엔 어떠한 합의, 극적인 타협의 장면도 연출되지 않는다. 의사결정 과정은 비공개일 수밖에 없고, 필연적으로 독단적이다. 토론이란 적과도 대면하는 것이다.

민주주의자를 감별하는 가장 좋은 리트머스지는 '말'에 있다. 말을 봉쇄하는 자, 말을 금지하는 자, 말을 공개하지 않는 자는 민주주의자가 아니다. 어떤 형태로든 언론에 손을 대려는 자, 언론에 재갈을 물리려 하는 자, 언론으로 하여금 자신을 찬양하게 만들려는 자는 민주주의자가 아니다. 그는 그저 폭력의 현현일 뿐이다.

폭력적 성향을 지닌 사람은 입으로는 언제나 민주주의를 말하면서 실제로는 독재를 한다. **이러한 입(lips) 민주주의는 그저 독재의 파생 형태일 뿐이다.**

캉디드는 생각했다. 타협할 줄 모르는 자, 의논의 기술이 없는 자, 그저 자기 말을 받아 적게 하고 타인의 말을 금지하는 자, 토론을 비공개로 감추는 자는 독재자다! 판단은 각자의 몫!

"인류 문명의 첫 증거는 15,000년 전 인간의 넓적다리뼈에 있다." 인류학자 마가렛 미드가 한 유명한 말이다.

옛 지구에서는, 당신의 다리가 부러지면 곧 죽음을 의미했다. 자신을 잡아먹으려는 짐승을 피해 달아날 수도 없고, 반대로 먹이를 구하려 사냥할 수도 없기 때문에 부상은 곧 포식자의 먹이로 전락하는 것을 의미했을 것이다. 부러진 넓적다리가 다시 붙었다는 것은, 다른 인간이 그를 돌봐 주었다는 증거다. 마가렛 미드에 의하면 이것이 문명의 기원이요, 시초다.

민주주의란 인간의 문명이 최상위 단계로 발달했다는 것을 의미한다. 민주주의란 곧 의논이요, 타협의 장치이기 때문이다. 의사소통! 말! 그것이다. 인간은 홀로 설 수 없고 도움이 필요하며 협력해야 한다. 타인을 돕고 타인과 협력하는 것은 궁극적으로 나에게 이익이 된다. 말과 의사소통, 의논이 바로 이러한 협력을 가능하게 한다.

독재는 반(反)문명이다. 독재는 타협하지 않고 의논하지도 않으며 합의 역시 거부한다. 독재는 말을 금지한다. 적과 한 테이블에 앉는 것을 거부한다. 독재란 근본적으로 홀로 결정하는 행위다. 타인을 돕지 않고 타인으로부터의 도움도 불필요하며 타인과의 협력도 거부한다. 독재 사회에서는 아무리 여러 명이 있어도 본질적으로 한 명이 결정하는 것이다. 결정하는 1인을 제외하면, 다른 이는 단지 허수아비일 뿐이다.

독재 사회에서 민중은 말할 공간, 의논할 기회를 박탈당한다. 독재 사회에서 민중이 낄 자리란 없다. 민중은 한낱 입이 없는 구경꾼으로 전락한다. 동시에 민중은 그 어디로부터도 도움을 받을 수 없다. 이는 반(反)문명이다.

이재명 대표는 당대표 취임 이후 윤석열 대통령에게 영수회담을 8차례 요청했다. 이는 모두 거절당했다. 사실상 만남에 대한 '거부'다.

검사의 언어는 타협, 의논, 합의의 언어가 아니다. 검사의 언어는 오히려 독재의 언어에 가깝다.

검찰은 말하고, 언론은 받아 적는 것, 이것은 검찰 언어의 속성을 또렷이 드러낸다. 검찰은 말하는 이이지, 의논하고 타협하는 이가 아니다. 검찰의 언어는 명령이며 이미 결정된 것이기 때문에 의논의 여지, 타협의 여지가 없다. **이러한 검찰 언어는 반문명의 강력한 증거다.**

의논의 부재는 이미 예견된 것이다. 검찰총장 시절 윤석열은 민주주의 시스템 안에서 검찰 집단이 작동하기를 원하는 민중의 뜻을 거부했다. 검찰의 수사와 기소권 행사는 검찰 단독으로 이뤄졌다. 검찰은 의논하지 않는다. 검찰의 언어엔 '말'이 결핍되어 있다. 그들은 일방적으로 쏟아 놓고, 듣지 않는다. '말'이 기능할 공간이 없기에, 법무부장관(박상기)은 민중의 뜻을 대리해 검찰을 지휘할 수 없었다. 조국에 대한 압수수색은 그야말로 비밀리에 검찰 단독으로 이뤄졌다.

"법무부장관의 검찰총장 지휘 감독권의 본질이 뭘까요? 뭘 알아야지 지휘 감독을 하죠. 그렇지 않아요? 보고도 전제하지 않고 어떻게 지휘 감독권을 행사를 해요? 설사 장관 후보자에 대한 수사가 아니라고 하더라도 사회적으로 중요한 사건, 정부 인사나 정치인, 중요 인물들에 대한 수사의 경우 당연히 보고를 해야 한다고 봅니다. 검찰이 택한 수사 방법이 최선인지에 대해 판단을 해야 됩니다. 그렇게 하라고 검찰청법에 지휘권과 관련된 규정이 있는 겁니다. 그렇지 않으면 그런 규정은 둘 필요가 없죠."

– 박상기 전 법무부장관, 뉴스타파와의 인터뷰

—— 손바닥에 그려진 왕(王) 자가 예고한 것

 검찰은 요새다. 검찰의 결정이 어떤 과정을 거쳤는지, 무엇으로부터 시작되었는지, 어떤 결론으로 가는지 누구도 알 수 없다. 이것은 완전히 민중과 따로 떨어져 검사들에게만 맡겨진다. 이렇게 되면 민중은 불안하고 검찰권에 의한 공포가 야기된다. 박상기는 사실상 검찰 지휘를 할 수 없었다. 뒤집어 말하면, 검찰은 장관 지휘를 받지 않는다.

 "이런 종류 사건은 제 승인과 결심 없이는 할 수 없습니다!"

– 국회 국정감사에서 윤석열 검찰총장, 2019. 10.

 그럼 검찰총장은 누구와 의논하고 합의하는가? 검찰총장이 만약 자신의 부하들, 즉 검사들과 합의해 결정한다면 그것은 합의가 아니다. 이는 검사들 간의 독단이다. 이는 같은 것의 반복이다. 검찰 동일체주의에 따른, 검찰총장 1인의 결정에 따른 복종일 뿐이다. 검찰에 무슨 다름이 있는가? 무슨 반대, 무슨 저항, 무슨 이견이 있는가?

검찰의 권력 독점은 주인, 즉 민중을 배제시킨다. 민중은 손을 놓고 검찰 결정을 지켜볼 수밖에 없다. 검찰은 주인을 노예의 상태로 전락시킨다.

검찰개혁이란 민중의 말, 의논과 합의의 가능성, 궁극적으로는 민중의 주인 됨을 회복하는 것을 의미한다. 검찰의 독점을 깨는 것은 민주주의 사회에서 폭력을 제거하는 것이며 궁극적으로는 반문명을 제거하는 것이다.

올바른 사람은 결코 불의하지 않고 절제 있는 사람은 결코 방자하지 않는데, 이는 배울 만한 무엇인가를 배운 사람이 그것을 모르지 않는 것과 같은 이치라고 말이다. 하지만 나는 이와는 견해가 다르다. 내가 보기에 몸을 단련하지 않는 사람이 몸이 하는 일을 해낼 수 없듯이, 혼을 단련하지 않는 사람은 혼이 하는 일을 해낼 수 없다. 그들은 해야 할 일을 할 수 없고 하지 말아야 할 일은 피할 수 없으니까.

- 『소크라테스 회상록』, 크세노폰, 25~26p

해야 할 일은 할 수 없고, 하지 말아야 할 일은 피할 수 없다면 혼돈은 불가피한 것이다. 몸을 단련하지 않은 자가 몸이 하는 일을 해낼 수는 없다. 정치 경험이 없는 자에게 정치에 있어 가장 중요한 권능을 부여한 것은 영웅에 심취한 군중이다. 정치로 단련되지 않은 이에게 정치를 맡긴 것이다.

올바른 사람은 불의하지 않다. 절제가 있는 사람은 결코 방자할 수 없다. 불의하고 방자한 권력이란, 어쩌면 예견된 것인지 모른다. 속았어! 사람들은 말한다. 그러나 속은 것일까? 아니면, 군중이 영웅에게 잘못된 왕관을 씌운 걸까? 캉디드는 나폴레옹에 대해 생각했다. 애초에 황제가 될 의지가 없었던 데다 황제가 뭘 해야 하는지 알지 못한, 어리석은 군중의 영웅, 전쟁광 말이다. 그는 말했다. 대선 TV 토론에 등장한 손바닥의 왕(王) 자에 대해 민중은 아는 것이 없다. 거기 왜 하필 그 글자가 새겨진 것인지, 왜 지우지 않은 채로 민중에게 들어 보인 것인지 아는 이가 없다. 손바닥에 왕(王) 자를 그려 보이는 순간 어쩌면 혼돈은 예견된 것인지도 몰라!

"남을 설득하여 돈이나 재물을 사취하는 것도 가볍지 않은 기만이지만, 아무 쓸모없는 자가 자기는 국가를 이끌 적임자라고 속이는 것이야말로 가장 중대한 기만일세."

-『소크라테스 회상록』, 크세노폰, 62p

3. 부조리가 지성을 훈련시킨다

───── 폭력의 동조자

왕 노릇 하는 데에는,
많구나, 적개심을 가진 자와 불충한 자가.
적구나, 호의를 가진 자는.

– 『키케로의 의무론』, 키케로, '도덕적 선과 유익함의 상충', 228p

늑대는 물고 찢고 피를 내는 싸움으로 알파 메일(수컷 리더)을 결정한다. 그러나 싸움이 끝나고 나면 승자가 패자를 포용함으로써 무리 전체의 협력을 이끌어 낸다. 침팬지 역시 물고 찢고 피를 내는 싸움으로 알파 메일을 결정한다. 싸움의 승리자는 가족과 무리 전체를 보호함으로써 리더로서의 자격을 입증한다.

동물의 세계에서 싸움, 전쟁 그 자체는 수단이다. 전쟁에 참여한 개체 사이에 알파 우두머리를 가리고 나면 무리는 새로운 리더를 맞이한다. 이 과정은 동물 공동체를 기만이나 위협, 공포, 절망으로 이끌지 않는다. 어디까지나 목적은 무리의 번영, 통합이다. 거창하게 포장하자면, 공동체의 안전과 통합이다.

가정해 보건대, 가장 볼썽사나운 장면은 계속 싸우는 것이리라. 싸움이 끝났는데도 계속 물고 뜯고 찢고 피를 보는 것이다. 나아가 상대를 괴롭히고 상대에게 보복하는 데까지 이른다면 무리의 맥락에서 볼 때 게임은 끝난 것이다. 알파 메일, 리더로서의 역량과 자질 역시 제로다. 이는 개체로서나 무리로서나 불행한 일이다.

짐승조차도 이러할진대, 하물며 인간이, 인간이 만들어 낸 사회가 짐승 무리보다도 못하다면? 그러나 실제로 그러한 비극은 왕왕 일어난다.

인간이 만든 사회에서 싸움, 전쟁이란 곧 선거다. 선거, 정쟁이란 본디 동물 차원에서 보자면 상대를 물고 뜯고 찢는 게임이다. 그러나 이 싸움의 승자가 가려지면 공동체는 번영과 통합이란 선물을 받아야 한다. 승자는 패자를 포용하고 화합하며 전체의 승리를 향해 공동체를 이끌 책임을 져야 한다.

승자가 패자와 주권자를 포용했는가? 패자를 끌어안고 공동체를 화합으로 이끌려 노력했는가? 국가 공동체에 올바른 목표를 제시했는가? 민중은 묻고 있다. 사람들은 캉디드에게 말한다. 우린 공정을 기대했으나 불공정이 만연하다고! 우린 포용과 관용, 화합과 번영을 기대했건만 모든 게 허사였어! 풀리지 않는 의혹들과 독단, 보복, 폭력, 아집뿐이야! 이것은 사회 부조리야!

독재와 전체주의가 민주주의와 가장 다른 점은 타자를 부정한다는 것이다. 민주주의는 타자를 인정한다. 타자에게도 동일한 법의 잣대를 적용하는 용기, 타자를 수용하고 합의하려는 의지, 그것이다. 어리석은 군중은 타자에 대한 부정, 나아가 타자에 대한 폭력에 열광한다. 그들은 엄밀한 의미에서 민주주의자가 아니다.

어리석은 군중은 적의에 가득 찬 나머지 정적에 대한 보복과 사냥에 마냥 쾌감을 느낀다. 부정부패, 사회부정의에 대한 분노는 정치적 신념과 무관하게 나와 타인에게 동일하게 작동해야 한다. 이것은 게임의 룰이다. 국가의 법과 윤리, 처벌 시스템이 룰을 깨뜨릴 때, 마치 나 자신이 그러한 부당한 상황에 놓여 있는 것처럼 생각하고 이에 저항할 줄 알아야 한다. 그것이 주인이 가져야 할 정의로움이다. 정적에 대한 보복과 사냥에 마냥 기뻐하는 어리석은 군중에겐 이 정의로움이 없다. 이들은 정적에 대한 도륙, 정적의 무참한 죽음에 박수 치고 열광하며, 폭력에 동조한다. 이들은 민주주의가 파괴되는 것을 보지 못한다. 이들은 폭력의 동조자들이다.

―― 극단적인 적개심

이 오만불손한 유대인 놈들의 지금까지 산 날이 앞으로 살날보다 많을 것이며 그리고 곧 카를 리프크네히트의 당원 놈들을 평생 잊지 못할 만큼 두들겨 패 줄 것입니다!

– 파울 요제프 괴벨스, 나치당 집회 개최사, 1933. 2. 10.

"만약 검사독재라면 이재명 대표는 지금 감옥에 있을 것입니다!"

– 한동훈 국힘 비대위원장, 관훈토론회에서

감옥에 있을 거라고? 어떻게 확신하지? 민중은 호소한다. 적개심과 적의에 있어서 한동훈은 괴벨스와 맥을 같이 하는 것 같다고. 민중은 질문한다. 한동훈은 이재명에 대해 왜 이렇게까지 적개심을 가지게 된 것일까? 이재명에 대한 검찰의 대대적인 수사와 한동훈의 적개심은 무관할까? 과연 이재명 수사는 진실에 기반한 것인가? 정치적 중립성을 지키고 있는가? 그저 적개심으로 사냥하는, 표적수사가 아닌가? 조국에 대해서도 마찬가지다. 이들은 적을 도륙하듯이 조국 일가를 수사했다. 이 수사를 지휘한 이들, 검사들이 한 명은 대통령 자리에, 한 명은 집권당 비대위원장 자리에 앉았다. 그 자리는 적개심을 거둬야 막중한 책임을 다할 수 있는 정치 영역의 중심이다.

바야흐로 분열과 분리, 혼돈이 주권자를 분노하게 만들고 있다. 분열, 분리, 적개심은 단지 야당뿐만 아니라 집권당 내에서도 동일하게 작동하고 있다. 야당은 대통령을 만날 기회조차 갖지 못하고 있다. 집권 여당 국민의힘도 쪼개지고 있다.

"응답 없는 탐욕의 성벽에 머리 박는 일, 누가 뭐래도 할 만큼 했다고 자부합니다. 용산의 국정 운영 기조와 불통이 문제이고, 느닷없는 이념 집착이 문제이고, 검사 일색의 인사가 문제이고, 거기에 더해 대통령 가족의 처신이 문제라는 점을 지적하지 못합니다."

— 허은아, 탈당 기자회견

자유와 행복도, 기본권 보장, 사회정의, 안전, 화합…. 이러한 것들을 최상위 수준으로 끌어올릴 만한 유능함과 의지를 발휘하라. 이는 민중이 국가권력에 거는 기대이자 명령이다. 국가권력이 이를 잘 수행할 때 민중은 행복하고 그렇지 않다면 민중은 분노한다. 싸움 그 자체는 아무것도 아니야! 싸움과 토론을 통해 민중의 삶이 한발 앞으로 나아가지 못한다면 그 사회는 짐승 사회만도 못하지! 짐승의 리더도 그렇게는 안 해! 캉디드는 말한다.

—— 집권 목표를 말하지 못하는 정부

한 개인도, 집단도, 나아가 사회도, 국가도 목표가 있어야 한다. 목표란 한 인간이 세계를 인식하는 수단이다. 인간은 자신이 설정한 목표를 통해 세계를 인지하고 바라본다. 목표 없이는 대상을 제대로 인지할 수 없다. 목표가 있어야만 가치의 우선순위가 생긴다. 목표가 없다면 방향을 잃은 것이고 주어져 있는 시간이 공허해지며 상상력과 의지를 발휘해 높은 수준의 의미와 가치를 창출할 수 없다. 그러므로 우선은 목표가 있어야 한다. 목표는 올바른 것이어야 하고, 진실되어야 하며 무엇보다 가치와 의미를 담고 있어야 한다.

한 사회, 한 국가가 공동으로 추구할 목표라면 더욱 중요하다. 목표 자체도 중요하지만 그것 못지않게 그 목표를 제시한 이의 태도, 양심, 진실성 또한 무척 중요한 것이다. 과연 그 목표가 실현될지 알 수 없기 때문이다. 신의를 지닌 자라면, 목표를 이루려 노력하고 설득하고 상대를 포용하며 협치에 나서리라.

목표가 입에 발린 거짓말일 가능성은 늘 있다. 그러니 책임은 민중에게도 있다. 진실과 거짓을 분별할 수 있어야 하는 것이다.

"내가 정권 잡으면 (거기는) 완전히 무사하지 못할 것이다. 권력이란 게 잡으면 수사기관이 알아서 입건하고 수사한다. 권력이 그래서 무섭다. … 조국 전 장관이나 정경심 교수가 좀 가만히 있었으면 우리가 구속하려 하지 않았다!"

- '서울의소리'가 공개한 김건희 육성 녹취 중

뭐라고? 우리가 잘못 들은 것인가? 이것이 정녕 '말'인가? 캉디드는 웃었다. 대통령 영부인의 권력에 대한 생각이 이러한가? 권력을 잡으면 대체 누가 무사하지 못할 것이란 이야긴지? 캉디드는 묻지 않을 수 없었다. 수사기관이 알아서 입건하고 수사한다고? 대한민국에서는 검찰이 그런 것인가?

민중은 어처구니가 없다. 대통령 영부인의 음성은 자못 놀라운 것이었다. 이러한 '말' 속에 과연 민중이 있는가? 그러나 적어도 대통령과 그의 부인 사이에 민중을 위한 올바른 목표, 민주주의를 실현하려는 높은 수준의 의지가 결여되어 있었다는 것만큼은 알 수 있다.

—— 목표가 없는, 폭력의 맹목성

> 폭력은 본질적으로 악마적diabolische이다. 즉, 폭력은 분열적이다dia-ballein. 권력은 상징적 차원을 지니기 때문에 실제로 많은 상징을 산출하며 그러한 상징을 이용하는 까닭에 달변이 된다. 반면 폭력은 그 악마성으로 인해 상징성의 빈곤, 언어의 빈곤을 나타낸다.
>
> – 『폭력의 위상학』, 한병철, 5. '폭력의 거시논리', 112p

악마Devil는 폭력Violence에 내재해 있다. 사회악Social evil이란 언제나 폭력과 함께 등장한다. 폭력은 악의 상징이다.

권력이란 본디 말의 힘에 있다. 말은 의사소통이고, 경청하고자 하는 배려이자 상대를 설득하고자 하는 부드러운 과업이다.

참된 권력은 '말'을 사용한다. 말이야말로 최후의 수단이기에, 그에게는 어떤 폭력도 불필요하다. 오직 의논과 말, 의사소통이 필요할 뿐이다. 반면, 폭력이란 언어의 빈곤으로 나타난다. 폭력의 소유자들은 하나같이 '말'이 어눌하다. 그들에겐 풍부한 표현의 기술이 결핍되어 있다. 그들은 제대로 말하지 못하고, 경청하지도 않는다. **그들은 상징의 빈곤, 언어의 빈곤으로 인해 '말'을 공개적으로 하기를 꺼려 한다.** 그들의 '말'은 공개될수록 빈곤함만을 드러내기 때문이다. 그들이 녹화, 편집, 비공개를 선호하는 것은 자연스러운 일이다. 그들은 애초에 '말'로 설득할 능력이 없다. 그들은 의사소통의 수준을 정점으로 끌어올릴 수 없다. 대화를 거부하고, 비공개를 선호하며, '말'을 폐쇄하는 이유는 그것이 그들에게 이롭기 때문이다. 이러한 지극히 개인적인 이유 때문에 그들은 민주주의를 바닥 수준으로 끌어내린다.

극심한 분열, 극심한 대립, 극심한 혼돈은 폭력의 결과다. 폭력은 언뜻 주권자들을 연합하게 하는 힘이 있는 것처럼 보일 수도 있지만 궁극적으로는 주권자들을 흩트린다. 폭력은 분열적이다Dia-ballein. 폭력은 분열적이기 때문에 정치 영역에서 파괴적으로 작용한다. 폭력은 의사소통을 거부하고, 말과 의논을 거부하기 때문에 어떤 합의에도 평화적으로 다다르지 못한다. 결정은 늘 독단적이고, 독선적이다.

폭력이란 본질적으로 독재적 권력과 다름없기 때문에

'매개 능력'이 없다. 정치에서 폭력은 매개 능력의 결핍으로 인해 파괴적이다. 매개할 수 없는 정치는 그것 자체로 이미 무능력한 것이다. 정치에서 매개 능력은 합의 능력이다. 정치에서 매개 능력은 이질적 세력, 이질적 사상을 포괄해 궁극적으로 합의로 이끌어 낸다. 매개하는 정치는 이질성을 규합해 하나의 목적을 달성한다. 매개 능력은 타인의 영혼에 깃들어 타인을 포괄하고 이질성을 무너뜨린다. 이때 매개 능력이란 근본적으로 배려의 능력이다. 타인에 대한 배려, 다른 생각을 포용하는 배려, 다른 주장을 받아들일 수 있는 배려.

이에 반해 폭력이란 맹목적이다. 매개를 모르는 폭력은 권력의 토대를 흔들리게 할 뿐만 아니라 정치 자체를 흔든다. 폭력은 정치, 나아가 사회 전체를 황폐하게 만들어 놓는다. 폭력은 어떠한 경우에도 민주주의의 적이다.

매개할 수 없다면, 남는 것은 분열뿐이다.

대통령 선거가 끝난 지 2년이 다 되어 가는데도 왜 적장을 쓰러뜨리기 위한 극한 대립, 칼잡이의 아집이 우리 모두의 언어가 되어야 합니까? 정치는 대중의 삶을 더 나은 방향으로 바꾸는 노력입니다. 이제 시민 여러분께서 상대를 쓰러뜨리기 위한 검투사의 검술을 즐기러 콜로세움으로 가는 발길을 멈춰 주십시오.

– 이준석(전 국민의힘 대표) 탈당 기자회견, 2023. 12. 27.

민생 해결방안과 정책을 고민하기보다는, 오직 대통령의 눈치를 보며 민심에는 눈과 귀를 닫아 버리는, 합리성과 상식을 찾아볼 수 없는 비민주적 사당이 돼 버렸습니다. 윤심이 당심이 되어 버리는 정당에서는 민심이 설 공간은 없습니다. … 국민도 속고 저도 속았습니다.

– 김용남 전 의원 국민의힘 탈당 기자회견 중, 2024. 1. 12.

── 솔로몬의 올바른 목표

권력의 영역만큼이나 큰 권력자의 몸은 권력을 상실하는 순간 죽어 썩어버릴 그의 작은 육체로 쭈그러든다.

–『폭력의 위상학』, 한병철, 5. '폭력의 거시논리', 113p

민중은 권력의 다양한 종말을 목도해 왔다. '말'과 '의사소통'이 아니라 폭력으로, 독재로 통치한 이들의 말로는 하나같이 추하고 불행했다. 그러나 본질적으로 불행해지는 것은 민중이다.

문제는 이것이다. 지금 대한민국이 올바른 방향으로 나아가고 있는가? 우리 헌법이 명시하고 있는 대로, 국가의 주인으로서 우린 마땅히 이 질문을 할 수 있고, 또 해야 한다. 자유와 안전은 확실히 보장되고 살림살이는 나아지고 사회정의가 강물처럼 흐르고 있는가? 가장 중요한 것 중 하나인, 정치 집단 간 경쟁과 타협은 원만하게 이뤄지고 있는가? 정부는 대중의 여론을 경청하는가? 정보는 투명하게 공개되고 있는가?

그러고 나서 솔로몬은 칼을 가져오게 한 후에 신하들에게 이렇게 명령하였다. '산 아이를 정확하게 두 쪽으로 잘라서 이 두 여자에게 각각 반씩 나누어 주어라!' 그러자 산 아이의 어머니는 자기 아이에 대한 애정으로 마음이 찢어지는 것 같아 이렇게 외쳤다. '안 됩니다! 나의 주임금님이시여! 차라리 이 아이를 저 여자에게 주시더라도 제발 죽이지는 마세요!' 그러나 다른 여자는 이렇게 말하였다. '어서 둘로 나누어서 저 여자의 아이도 안 되고, 내 아이도 안 되게 하는 것이 옳습니다!' 그러자 왕이 즉각 판결을 내렸다. '이 아이를 죽이지 말아라! 이 아이를 살려 달라고 애원하는 여인이 그의 어머니이다. 그 여인에게 이 아이를 돌려주어라!'

– 성경 열왕기상 3장 24~27절

구약성서에 등장하는 인물 솔로몬왕은 다윗왕의 아들, 이스라엘의 세 번째 왕이다. 성경에 따르면, 그는 다윗의 뒤를 이어 왕위를 계승하면서 신께 지혜를 구한다. 실제로 솔로몬왕의 통치 기간 동안 이스라엘은 번영을 구가했고 그의 지혜는 만인에게 인정받았다.

솔로몬은 성경에 가장 의로운 왕으로 기록되어 있다. 그를 최고의 통치자 반열에 오르게 한 것은 능력도 아니고, 품성도 아니다. 그것은 다름 아닌 목표였다. 솔로몬의 업적은 그가 왕으로서 올바른 목표를 갈구하는 것으로부터 출발했다. **"백성들을 잘 다스리고 선과 악을 분별할 수 있는 지혜로운 마음을 나에게 주소서."** 솔로몬은 자신의 책임이 무엇인지 정확히 알았다. 솔로몬에게는 명확한 목적, 분명한 통치의 목표가 있었다. ― 이 점이 중요하다. ― 그리고 목표의 중심에는 민중이 있었다, 자기 자신이 아니라. 민중을 위해 올바른 통치를 하려면 무엇보다 자기 자신에게 무거운 책임을 수행할 수 있는 능력과 덕이 필요하다는 것을 알았다. 솔로몬은 자신에게 필요한 것을 구했고, 그럼으로써 자신에게 주어진 역할을 수행해 냈다. 목표를 완수한 것이다.

나의 하나님 여호와여, 주께서 종으로 종의 아버지 다윗을 대신하여 왕이 되게 하셨사오나 종은 작은 아이라 출입할 줄을 알지 못하고 … 그들은 큰 백성이라 수효가 많아서 셀 수도 없고 기록할 수도 없사오니 누가 주의 이 많은 백성을 재판할 수 있사오리이까 듣는 마음을 종에게 주사 주의 백성을 재판하여 선악을 분별하게 하옵소서. 솔로몬이 이것을 구하매 그 말씀이 주의 마음에 든지라. 이에 하나님이 그에게 이르시되 네가 이것을 구하도다 자기를 위하여 장수하기를 구하지 아니하며 부도 구하지 아니하며 자기 원수의 생명을 멸하기도 구하지 아니하고 오직 송사를 듣고 분별하는 지혜를 구하였으니 내가 네 말대로 하여 네게 지혜롭고 총명한 마음을 주노니…

― 열왕기상 3장 7~11절

솔로몬의 목표엔 적개심이 없다. 여기엔 그 어떤 폭력의 가능성이 없다. 자기 이익을 탐하지도 않는다. 이러한 목표는 사회정의에 부합한다. 공공복리를 증진시키고, 오직 민중을 중심에 둔 선한 목표다. 그는 경청하고자 했고, 분별력을 갈망했다.

── 부조리는 지성을 훈련시킨다

정신은 오랫동안 구속되어 있었다. … 모든 것을 기독교적 방식에 따라 해석하고 매사에 하나님을 발견하고 신앙을 정당화하려는 집요한 의지를 벗어날 수 없었다. 이처럼 강압적이고 독단적이며 엄격하고 부조리한 모든 것이 유럽의 지성을 훈련시키는 수단이었음은 분명한 사실이다. 그 덕분에 강인한 정신과 왕성한 호기심, 세련된 유연성을 갖게 되었다.

- 『12가지 인생의 법칙』, 조던 B. 피터슨, 278p

안정과 행복의 느낌은 장소의 개념에서 비롯된다. 한 장소에서 다른 장소로 이동하고 있다는 느낌은 안정감을 준다. 목표란 것도 본질적으로는 장소 이동의 개념이다. 한 장소에서 더 나은 장소를 향해 나아가고 있다는 느낌, 실제로 이동하고 있는 것, 그것이 목표의 본성이다. 목표란 올바른 장소를 향해 나아가고 있다는 감정과 깊이 연관되어 있다.

정치는 민중에게 올바른 목표를 제시해야 한다. 지금 처해 있는 위치에서 더 나은 곳으로 나아갈 수 있다는 믿음을 주는 것, 그러한 믿음을 행동으로 실천하는 것, 그것이 올바른 정치적 목표다. 이러한 집단 이동, 올바른 방향으로 나아감이 한 사회에 바람직한 감정을 불어넣어 준다.

목표가 없거나, 올바르지 못한 목표를 향해 나아간다면 이는 불행한 일이다. 한 장소에 머물러 있거나(정체), 오히려 뒷걸음질 치는 것(퇴행)은 불만족과 불안을 야기시킨다. 민중은 이에 저항할 권리가 있다.

정적에 대한 보복과 사냥은 바람직한 목표가 아니다. 천박한 적개심과 적의, 증오는 목표가 아니다. 민주주의 관점에서 이는 심각한 퇴행, 역주행을 일으킬 만한 위험 요소이다. 민주주의란 포용이고, 관용이다. 상대를 인정하고 품고 중간 지점을 찾는 정신이다. 이것을 망각하면 부조리가 시작된다. 지성은 끊임없이 부조리에 경종을 울린다. 부조리에 저항하고, 이를 고발하는 것은 지성의 발로이다. 이는 바람직한 목표를 세우라는 준엄한 경고다.

너희가 친히 원수를 갚지 말고 … 내가 갚으리라고 주께서 말씀하시니라.

– 로마서 12장 19절

4. 보복

―― 검사들의 양면성

카를 슈미트에 따르면 정치적인 것의 본질은 친구와 적의 구별이다.

- 『폭력의 위상학』, 한병철, 4. '폭력의 정치', 63p

    카를 슈미트에 따르면, 적이란 오직 정치적인 것의 본질이다. 검찰은 적이 없어야 한다. 검찰은 오직 사회정의와 진실만을 따라야 한다. 피의사실로 수사 중인 피의자조차 검찰의 적이 아니다. 검찰이 상대를 적으로 간주하는 순간 '정치적 중립성'은 소멸되고 만다. 중립성을 잃은 검사는 확신범이 된다. 이 자는 어떻게든 유죄여야만 해! 검찰은 답을 내려놓고 증인과 증거를 만든다. 그러므로 확신범은 그 자체로 폭력이자 야수다. 따라서 검찰은 수사 중인 피의자의 유죄 입증 증거뿐만 아니라 무죄 입증 증거 또한 동일한 무게로 다뤄야 한다. 이것이 중립성의 정신이자, 법의 정신이다.

민중은 이미 검찰을 버렸다. 민중은 검찰을 믿지 않는다. 그들은 '정치적 중립성'을 버렸어! 민중은 고발한다. 캉디드는 민중의 분노를 이해할 수 있었다. 이건 검찰이 아니라 견찰(권력의 개)이군. 떡검(돈 먹는 검사들)!

> 여러분들이 만약에 기소를 당해서 재판을 받으면서 몇 년 동안 법정에서 상당히 법률적으로 숙련된 검사를 상대방으로 만나서 여러분이 몇 년을 재판을 받아서 결국 대법원에 가서 무죄를 받았다고 해도 여러분의 인생이 절단납니다. 판사가 마지막에 무죄를 선고해서 여러분이 자유로워지는 것이 아니고. 여러분은 법을 모르고 살아왔는데 법적으로 엄청나게, 특히 형사법에 대해서 엄청나게 숙련된 검사와 법정에서 마주쳐야 된다는 것 자체가 하나의 재앙입니다. 그래서 이 검찰의 기소라는 게 굉장히 무서운 겁니다.
>
> – 윤석열 국민의힘 대선 후보 당시,
> '국민의힘 서울캠퍼스 개강 총회' 행사에서 대학생들과 대화, 2021. 11. 25.

그렇게 잘 아는 이들이 어떻게 수사권, 기소권을 그토록 남용하는가? 어찌해서 검사들은 상황을 객관적으로 인식하는 능력을 상실했는가? 어찌해서 검찰은 확신범으로 전락했는가? 타인의 티를 보면서, 어찌해서 자기 눈의 들보는 보지 못하는 지경에 이르렀는가?

유우성 간첩 조작 사건[6]에서 보듯이, 검사들은 엄청난 힘을 가진 검찰권을 아주 악랄하게 사용한다. 확신범이 되어 무고한 인간을 간첩으로 만들어 버린다. 어떻게 그처럼 잔인할 수 있는가? 어떻게 그처럼 간교할 수 있는가? 반면, 이명박의 BBK 무혐의 처분 사건에서 보듯, 이들은 면죄부도 아무렇지 않게 남용한다. 룸살롱 검사 술값 쪼개기로 면죄부를 준 일, 이것 역시 어처구니없는 일이다. 한동훈 검사는 채널A 기자와 짜고 유시민을 무고하려 했다는 의혹을 받았는데 그의 휴대폰 비밀번호는 무려 스물네 자리 조합이어서 풀 수 없었다. 떳떳하면 수사받으라고 말하는 검사가 정작 자기 자신이 수사받는

---

[6] 2013년, 중국 국적으로 북한에서 거주하다 탈북하여 서울시 계약직 공무원으로 채용되었던 유우성이 북한 이탈 주민 관련 업무를 맡아 탈북자 정보를 북한에 유출했다는 혐의로 기소되었다. 재판 과정에서 국가정보원이 증거를 조작했다는 정황이 밝혀졌으며 유우성에게 간첩 혐의를 뒤집어씌운 것으로 드러났다. 2015년 상고심에서 유우성에 대한 간첩 혐의는 무죄가 선고되었다.

처지에 놓이니 보이는 행태는 가관이 아닌가? 민중은 개탄한다. 과연 이들이 사회정의와 진실을 위해 복무하는 자들이 맞는가? 과연 이들이 그처럼 막중한 책임을 감당할 수 있는 자들인가?

───── 사회악, 표적수사

검찰은 법 정신을 배반하고, 적을 상정한다. 표적이다. 검찰이 적을 구별한다는 것은 검찰과 정치, 검찰의 정치, 검찰 정치를 암시한다. 이는 검찰의 정치 개입, 심각한 정치적 중립성 위반을 암시한다. 언론은 이 중요한 사실을 보려 하지 않는다. 어리석은 군중도 이 지점을 간과한다. 사법부 역시 마찬가지다.

검찰이 언론에 공공연하게 피의사실을 흘리고 언론이 이를 받아 적어 일으키는 마녀사냥은 민주주의의 고유한 양태가 아니다. 민주주의는 말이지, 칼이 아니다. 이것은 독재 사회, 전체주의 사회에서 흔히 일어나는 방식이다. 정적을 정하고, 이를 제거하는 것. 검찰이 표적을 정하고 사냥을 하고 여론재판이 일어난다는 것은 우리 민주주의가 파괴되고 있다는 증표다. 어리석은 군중은 칼을 사회정의로 오판한다. 피에 광분하는 군중은 이것이 근본적으로 주권자에 대한 도전이요, 법을 악용한 주권성의 농락임을 보지 못한다.

검찰개혁이란 본디 검찰이 지닌 폭력성(칼)을 무력화시키겠다는 프로젝트다. 의논, 말, 타협이 아니라 폭력, 오직 폭력에 의지해 적을 섬멸하는 검찰의 파괴적 행태를 바로잡겠다는 것이다.

> 진실로 정적들에 대해서는 격한 분노를 나타내야 된다고 믿고, 또 그래야만 위대하고 용감한 사람의 정신 자세라고 생각하는 사람의 말에 귀를 기울여서는 안 될 것이다. 왜냐하면 위대하고 뛰어난 사람에게는 정중함과 관용을 베푸는 것보다 더 찬양할 만하고 가치 있는 것은 없기 때문이다. … 모든 처벌과 징계에는 분노가 개입되어서는 안 되며, 그것은 누군가에게 벌을 가하거나 말로서 질책하는 자의 개인적인 만족을 위해서가 아닌, 말하자면 공화국의 복리를 증진시키는 데 목적을 두고 가해지도록 해야 한다.
>
> – 『키케로의 의무론』, 키케로, '도덕적 선에 대하여', 71p

표적수사는 보복이다. 표적수사란, 검찰 집단의 격한 분노 그 이상도 이하도 아니다. 이는 공화국의 복리와는 아무런 관계가 없다. 이것은 법률로 엄격히 금지되어 있다.

그렇기에 표적수사는 언제나 법률적 우회를 동반한다. 피의사실공표, 별건수사, 무죄추정의 원칙 위반 등은 표적수사에서 나타나는 공통된 특징이다. 검찰은 확신범이 되어 표적을 무참히 박살 낸다. 한 인간에 대한 노골적인 악마화(惡魔化)다. 민중은 분개하고 봉기했다. 검찰이 수사권을 이렇게 써도 되는 것인가? 검찰을 개혁하라!

정의로운 수사란 언제나 순서를 지킨다. 정의로운 수사는 자연을 거스르지 않는다. 물이 아래에서 위로 흐를 수 없듯이, 정의로운 수사도 이치를 거스르지 않는다. 표적수사는 대체 어디에서 문제가 제기된 것인지 알 수 없다. 수사기관이 엄정하게 판단해 수사 여부를 결정했다는 근거 역시 모호하거나 은폐된다. 이러한 수사란, 어김없이 법을 모독하고, 어기고 법 위에 군림한다.

표적수사는 다음과 같은 질문에 명확한 답을 내리지 못하는 수사다.

- 어디에서 누가 처음 문제를 제기했는가?
- 검찰은 어떤 과정을 거쳐 수사 개시를 결정했는가?
- 검찰은 수사 과정에서 법을 준수했는가?
- 피의자의 중대한 혐의는 정확히 무엇이고, 그 혐의는 사회에 지대한 (악)영향을 미쳤다고 볼 만큼 중대한가?

　이것저것 다 뒤지며 탈탈 터는 수사, 그야말로 혐의를 쫓는 것이 아니라 사람을 죽이겠다고 덤벼드는 사냥, 이것은 표적수사다. 어리석은 군중은 이러한 표적수사의 악마성, 검찰 사냥의 반(反)인간성에는 관심이 없다. 어리석은 군중은 오히려 표적수사에 광분한다. 군중의 광분은 표적수사의 원동력이 된다.

　이 사건은 전 국민적 관심이 집중된 사건이다!

전 국민적 관심이 집중됐다고? 언론이 주목하고 있다고? 검찰은 가만히 있었는데 여론이, 언론이 그렇게 움직였던가? 그 중심에 검찰이 있지 않았던가? 검찰이 그러한 관심을 원했고, 군중의 증오를 유도한 것이 아닌가? 한 인간을 전면적으로 탈탈 털어 여론의 광분을 일으킨 장본인은 바로 검찰이 아니었는가?

민중은 간파하고 있다. 검찰, 저희들이 그렇게 만들어 놓고는 도리어 민중을 들먹이는 행태는 검찰의 흔한 수법이라는 것을. 수사를 가장한 사냥이란 맥락에서 검찰은 간교하다. 수사를 가장한 피의사실공표, 여론재판이란 맥락에서 검찰은 악랄하다. 수사를 가장한 '죽이기'란 맥락에서 검찰은 무도하다. 정직함이 없고, 오직 진실에 충실하고자 하는 소명 의식이 없다. 민중은 말한다. 그들은 거짓말쟁이다! 그들에겐 민중의 뜻이 중요하지 않다. 진실이 중요하지 않다. 민중이, 언론이 아무리 관심을 가져도 검찰이 움직이지 않는 경우가 다반사가 아닌가? 실제로 민중이 의혹을 제기하고, 분노하며, 수사를 촉구하는 것들에 대해서 검찰은 거들떠보지도 않지 않는가? 숱한 검사들의 범죄, 범죄 의혹에 대해서는 왜 수사하지 않는가? 주가조작 의혹, 학력 위조 의혹, 논문 표절 의혹, 통장 잔고 위조 의혹 같은 검사 가족의 주요 사건들 말이다. 검찰은 민중의 뜻에 따라 움직인 적이 없다. 저희들이 필요한 사냥을 벌일 때만 민중을 들먹인다.

———— 악마화

  검찰의 칼에 희생되는 것은 오직 검찰이 누려 온 특혜, 특권을 제거하겠다고 나서는 이들이다. 검찰 개혁가들, 그들은 언제나 검찰의 표적이 되어 왔다. 검찰의 칼을 빼앗고 이를 말로 대체하겠다는 프로젝트는 번번이 실패했다. 검찰은 그들을 가만히 놔두고 지켜보지 않는다. 검찰은 보복한다. 개혁의 씨앗을 사전에 제거하는 것이다. 검찰 수사가 반드시 언론 보도와 한 쌍을 이루는 것은 우연이 아니다. 이것은 표적의 악마화 매뉴얼이다. 검찰은 온갖 거짓과 모함을 조작해 흘리고, 언론은 이를 받아 적는다.

  그는 겉과 속이 다른 위선자다!

이 한 문장이 검찰이 마녀사냥, 여론재판을 벌이는 목적이다. 한 인간을 위선자로 낙인찍는 것. 그가 지닌 명예와 사회적 존중을 빼앗는 것. 그래서 더는 검찰을 비판하지 못하도록 추락시키는 것. 검찰은 이 목표를 이루기 위해 법을 들먹인다. 위선자란, 그가 아니라 검찰이다.

표적과 그 주변을 이 잡듯 뒤지고, 거짓을 언론을 통해 유포하는 것은 '악마화'란 목적이 있기 때문이다. 군중이 그를 증오하도록, 군중이 그를 향해 돌을 던지도록 하는 것이다. 이러한 증오의 전염, 군중의 광분, 언론의 검찰 받아쓰기 대량 기사는 표적수사의 가장 큰 특징이다.

검사가 한 사건을 다룰 때 피의자의 유죄 증거뿐만 아니라 피의자의 무죄를 입증할 증거 역시 동일한 가치로 다루라는 것은 검찰이 폭력에 의지하지 말라는 명령이다. 검사가 적을 정해 놓고 오직 적의 유죄 입증에만 골몰할 때 검찰권은 폭력이 된다. 여기엔 어떠한 논의, 합의의 가능성조차 존재하지 않는다. 이것은 법의 집행이 아니라 단순히 폭력이며 그저 한 무리의 보복 행위에 지나지 않는다.

슈미트에게 큰 정치의 정점은 적과의 화해나 교류가 이루어지는 순간이 아니라, "적이 적으로서 구체적이고 분명하게 인식되는 순간"이다. 대화나 타협이 아니라 전쟁과 분쟁이 정치적인 것의 기초를 이룬다. "중요한 것은 언제나 갈등 사안뿐이다." 갈등의 해결이 정치적인 것이 아니라, 오히려 갈등 사안의 근저에 있는 적대관계가 정치적인 것을 정초한다.

— 『폭력의 위상학』, 한병철, 4. '폭력의 정치', 67p

민주주의는 악마화(惡魔化)하지 않는다. 말과 논의, 합의로 갈등을 극복하는 민주주의에는 악마화(惡魔化) 과정이 불필요하다. 악마화(惡魔化)란 본디 전체주의, 독재 사회에서 일어난다. 독재자의 정적, 독재에 저항하는 이, 독재를 거부하는 자는 악마화(惡魔化)된다.

―― 보복의 내면화

원희룡: 정치 보복의 기준은 뭡니까?
윤석열: 누구를 딱 찍어 놓고 그 사람 주변을 1년 열두

달 계속 다 뒤지고 뒤져 갖고 찾는다. 그러면, 그거는 정치보복이죠!

– 국민의힘 대선 경선 후보 토론

정치보복이란 이런 것이다. **누구를 딱 찍어 놓고 그 사람 주변을 1년 열두 달 계속 다 뒤지고 뒤져 갖고 찾는다면,** 그것이 정치보복이다. 이는 어려운 문제가 아니다. 이러한 일이 검찰을 통해 계속해서 벌어지고 있는데 언론만, 정치적 이익을 얻는 자들만 입을 다물고 있다. 검찰이 알아서 정적을 제거해 주니 먼 산 불구경하듯 흐뭇하게 바라보고 즐기는 것일까? 정치인이라고 해도 이는 도리가 아니다. 옳은 행동, 옳은 결단이 아니다. 아무리 정적이라 해도, 나와 생각이 다른 사람이라고 해도, 이런 일을 당하도록 내버려두는 것은 나쁜 행위다. 폭력의 동조자나 다름없는 일이다. 이는 사회부정의에 눈감는 일이며, 범죄의 공범이 되는 일이다. 이런 정치는 사회악을 내버려두는 나쁜 정치다. 어리석은 군중이여, 그대들도 마찬가지다. 이는 정치 견해의 차이, 서로 다른 가치관의 문제가 아니다. 이는 폭력이요, 사회악의 문제다. 민중이 나서서 뿌리 뽑아야 하는 공동의 문제다.

괘씸죄(罪)는 중죄다.

괘씸죄: 아랫사람이 윗사람이나 권력자의 의도에 거슬리거나 눈 밖에 나는 행동을 하여 받는 미움. (네이버 국어사전)

괘씸죄는 검찰이 왜 누군가를 증오하는지 보여 준다. 검찰은 괘씸죄를 적용해 표적수사로 보복한다. 누구든지 검찰 의도에 거슬리거나 검찰 눈 밖에 나는 행동을 하면 검찰의 증오를 피할 수 없다. 그는 수사받게 될 것이고, 기소될 것이다. 이 잡듯 탈탈 털리게 되며, 언론에 의해 마녀가 되는 비극을 겪게 될 것이다. 어리석은 군중이 그를 증오하게 될 것이고, 그는 가지고 있던 모든 명예를 잃게 될 것이다. 그는 추방될 것이다. 그가 검찰을 지휘하는 법무부장관이든, 당대표든 상관없다. 그는 법의 보호를 받을 수 없게 될 것이다. 사법부조차 그를 구원할 수 없다. 사법부 역시 여론과 증오의 노예가 되어 그를 때릴 것이다. 이것은 법에 의한 폭력이나 다름없다.

검찰이 수사권 가지고 보복하면 깡패지 그게 검사입니까?

이는 유명한 어록이 되었다. 이 발언이 유명하게 된 것은 역설적이다. 즉 사람들은 지금 검찰이 수사권 가지고 보복하고 있다고 느끼기 때문이다. 캉디드는 물었다. 그렇게 말한 사람이 누군가? 그는 검사인가, 깡패인가?

> 승자는 자신의 의지, 자신의 이익을, 아니, 그것을 넘어서 자신의 실존을 폭력적으로 관철한다. 법관계는 권력관계를 그대로 반영한다. "법의 수립은 권력의 수립이다." … 법은 폭력의 기반 위에 세워진다. 폭력은 법의 본질이다.
>
> – 『폭력의 위상학』, 한병철, 4. '폭력의 정치', 81p

법은 어떻게 적용하는가에 따라 폭력이 된다. 민주주의 그 자체가 선이 아니듯이 법 자체가 선이 아니다. 법과 폭력은 종이 한 장 차이다. 지혜롭고 분별력을 갖춘 민중은 이 둘의 차이를 구별한다. 민중이 검찰에 분노하는 것은 검찰이 법으로 폭력을 관철시키려 하기 때문이다. 검찰이 수사권으로 보복하려 하기 때문이다. 법을 내세워 괘씸죄를 처벌하려 하기 때문이다. 검찰은 오랜 습성으로, 이러한 보복의 심리가 내면화되어 있다. 그들은 보복하면서, '법과 원칙'이라고 스스로 최면을 건다. 즉 검사들이 입버릇처럼 되뇌는 '법과 원칙'이란 '보복'과 동의어다.

> 정치적 실존은 식물적이기보다 야수적이다. 정치는 화해하고 중재하는 것이 아니라, 습격하고 제압하는 것이다.
>
> – 『폭력의 위상학』, 한병철, 4. '폭력의 정치', 71p

이러한 검찰의 보복이란 야수적이다. 검찰의 보복에는 인간성이 결핍되어 있다. 이는 야만이다. 검찰권은 화해와 중재를 통해 사회를 나아지게 만드는 것이 아니라 오히려 습격하고 제압해 사회를 퇴보시킨다.

―― 검찰, 칼, 보복의 도구

푸코Michel Foucault에 따르면 17세기부터 이미 권력은 신과 같은 군주가 휘두르는 죽음의 권력이 아니라 규율 권력이 된다. 군주의 권력은 칼의 권력이다. 그것은 죽음의 위협으로 군림한다. 그것은 "생명을 손아귀에 쥐고 제거해버릴 수 있는 특권"을 누린다. 반면 규율 권력은 죽음의 권력이 아니라 삶의 권력이다. 그것의 기능은 죽이는 것이 아니라 삶의 완벽한 관철에 있다.

- 『심리정치』, 한병철, '생정치', 35p

삶과 죽음이란 맥락에서 보면, 민주주의란 삶을 선택하고 추구하는 제도다. 민주주의란 죽이지 않고 삶을 관철하겠다는 목표를 지향한다. 타인을 제거하지 않고, 적에게 보복하지 않고, 오로지 삶의 권력으로써 합의를 도출해 내는 것, 그것이 민주주의다. 민주주의가 말을 무기로 삼는 것은 그것이 가장 평화적인 수단이기 때문이다. **말은 누구도 죽이지 않는다. 의사소통은 적을 칼로 베지 않는다.**

죽음의 위협, 특권이라는 측면에서 검찰은 '죽음의 권력'이다. '검찰 권력'이란 이제껏 경험적으로 볼 때 '군주의 권력'으로 군림해 왔다. 칼을 가졌다는 점에서 검찰은 특권을 가진 집단이다. 검찰은, 칼의 권력이다. 칼은 타인을 제거한다. 칼은, 적을 향해 보복하는 수단이다. 검찰은 자신이 가진 칼로 죽이고, 보복하는 것을 숨기지 않는다. 검찰은 문명 바깥에서 죽음을 즐기며, 죽음의 위협을 무기로 승승장구했다.

검찰은 민주주의를 거부한다. 이는 곧 말에 대한 거부, 의논에 대한 거부로 나타난다. 검찰은 그 어떤 지휘권, 합의도 용납하지 않는다. 이는 민주주의에 대한 거부다. 주권자와 검찰 사이에는 높고 단단하고 너비가 두터운 벽이 가로막고 있다. 엄밀한 의미에서, 주권자는 검찰을 통치할 수 없다. 검찰은 홀로 존재하고 그러한 특권을 누린다.

검찰총장은 법무부장관의 부하가 아닙니다!

언론과 어리석은 군중은 이 말을 법과 원칙으로 받아들이고 환호했다. 그러나 이는 이렇게 번역될 수 있다. 검찰총장은 민중의 부하가 아니다! 법부부장관은 민중의 대리자요, 통로다. 검찰이 법과 원칙을 어기고 보복할 때, 법무부장관이 아니라면, 과연 누가 이를 통제할 수 있는가?

검찰은 홀로 고고하게 존재하는 요새로 남아 있기를 고집한다. 이는 검찰이 주권자의 통치를 용납하지 않겠다는 것이다. 주권자와의 의사소통을 원천적으로 거부한다는 점에서 이는 문명에 대한 혐오, 문명에 대한 증오다.

조국과의 환상적인 조합을 기대했습니다. 한낱 꿈이 되고 말았습니다.

– 문재인

이 꿈은 애초에 이뤄질 수 없었다. 사람들은 말한다. 사람 잘못 봤어! 극단의 검찰주의자, 검찰 동일체주의의 정점에 있는 자에게 검찰을 맡긴 꼴이군! 그 대가는 컸어! 사람들은 말한다. 그러나 본질적으로 피해는 민중이 입은 것이다. 법치를 선물 받아야 할 민중, 자유와 권리를 누려야 할 민중! 사회악을 처벌하고 정의를 손에 쥐어야 마땅한 민중은 도리어 사회부조리를 감당해 내야 했다.

문명이란, 칼 대신 말을 사용하는 것을 의미한다. 민주주의는 칼의 종말을 의미한다. 민주주의는 칼을 없애고 그 자리에 말, 의논, 의사소통, 합의를 올려 둔다. 민주주의는, 상대를 제거하고 적에게 보복하는 대신 의논하고, 토론해 합의에 이르는 것을 이상으로 삼는다. 검찰이 민주주의를 거부하는 이유다. 검찰은 말을 거부하고 칼을 갖기를 소망한다.

── 칼에 열광하는 어리석은 군중

군중은 말보다 칼에 곧잘 열광한다. 군중은 때로 말을 혐오한다. 군중은 칼이 정의의 상징이라고 오판한다. 검찰이 조직적으로 나서서 '조국'을 친 것, '조국 일가'를 절멸시키려 한 것은 군중에게 정의의 구현처럼 받아들여졌다. 군중은 이것이 근본적으로 칼과 말의 대결이라는 사건의 본질을 보지 못했다. 미디어는 이 사건의 본성을 은폐했다. 칼을 빼앗고, 말을 이식하려는 조국의 시도는 무참히 짓밟혔다.

어리석은 군중은 칼 자체에 광분하지만, 현명한 민중은 칼이 사회정의를 구현하는 데에 합리적으로 사용되는 것을 원한다. 이명박은 BBK 사건을 부정함으로써 사회정의를 배반했다. 사회정의를 위해서는 칼이 필요했다. — 불행하게도, 그 칼은 제때 작동하지 않았다. — 조국의 경우에는 검찰이 표적을 삼아 마녀사냥에 나섰다. 이명박을 벤 칼과 조국을 벤 칼은 같은 칼(검찰)이지만 사회정의란 측면에서 둘은 완전히 다르다. 검찰은 이명박을 베려 하지 않았고, 도리어 그를 사면해 주었다. 그는 검찰의 도움으로 대통령 자리에 오른다. 이에 반해, 조국의 경우는 검찰이 어떤 수단을 동원해서라도 그를 베려고 검찰권을 총동원했고, 유죄 선고까지 이끌어 낸 케이스다. 검찰은 조국을 베기 위해 중학생의 일기장을 뒤지고 증언자들을 압박했으며 언론을 통해 그를 악마화했다.

검찰의 특권은 오직 검찰만 이롭게 할 뿐 나머지 모든 사회 구성원들을 피폐하게 만든다는 점에서 '사회악'이다. 검찰은 모든 주권자들을 구경꾼으로 전락시킨다. 수사, 압수수색, 구속 등의 과정에서 주권자는 그저 지켜볼 뿐 개입할 수 없는 구경꾼이다. 언론은 구경꾼으로 전락한 주권자에게 볼거리(언론은 이를 알 권리로 포장한다)

를 제공한다는 것을 구실 삼아 사건의 본성을 은폐한다. 그것은 곧 보복이다. 검찰의 보복은 언론을 통해 은폐된다. 나아가, 이는 검찰 단독 행동에 의한 사회정의의 구현으로 둔갑한다.

칼에 대한 군중의 열광은 망각이다. 어리석은 군중은 검찰에 의해 한낱 구경꾼으로 전락한 자신의 초라한 모습을 보지 못한다. 그들은 도리어 사회정의를 실현하는 적극적인 주인으로 자신을 오독한다. 검찰과 언론은 이익의 공동체다. 검찰과 언론은 여론재판의 공동 기획자다. 이들은 과거 민주주의가 억압받던 시기에 누려 온 혜택, 특권을 이어 가려 연합했다는 점에서 반(反)민주주의를 행한다. 언론은 주체성 없이 검찰을 쫓아간다. 언론은 검찰이 표적수사를 벌이는 의도를 보지 못한다. 언론은 뇌 없이 그저 받아 적는다. 이들에겐 능동적 자아, 비판적 자아가 결여되어 있다. 이들은 검찰 없이 홀로 서는 훈련이 결핍되어 있다. 이들이 찍어 내는 수많은 기사 속엔 진실이 없고, 영혼이 없으며, 울림이 없다. 이들은 증오를 판다.

폭정에는 두 종류가 있다. 하나는 통치가 난폭하게 이루어지는 실제적 폭정이고, 또 하는 통치하는 사람이 국민의 사고방식에 어긋나는 것들을 만들 때 느껴지는 여론에 대한 폭정이다.

- 『법의 정신』, 몽테스키외, '폭정', 200p

5. 검찰 신화

―― 신화의 수혜자들

신화(神話): 절대적이고 획기적인 업적을 비유적으로 이르는 말. (표준국어대사전)

신화와 권력 간에는 깊은 연관성이 있다. 예를 들어 신화는 특정 집단의 권력을 유지하고 정당화하는 데 필요하다. 신화는 영웅을 창조한다.

그런데 모든 불의 중에서도, 남을 가장 많이 기만하면서도 자신은 마치 선인처럼 보이도록 위장하면서 속이는 자들의 불의가 가장 위험하다.

- 『키케로의 의무론』, 키케로, '도덕적 선에 대하여', 44p

어리석은 군중은 신화에 열광한다. 그들은 한낱 정적에 대한 보복과 사냥을 민주주의로 착각한다. 폭력은 어리석은 군중을 가슴 뛰게 하지만, 본질적으로는 민주주의를 파괴하는 악(惡)이다.

폭력과 처벌에 광분하는 군중은 처참하게 무너져 내리는 민주주의를 보지 못한다. 그들은 그 정반대의 상황을 떠올리지 못한다. 이러한 어리석음 속엔 그러한 폭력과 보복이 나와 내 아이에게 들이닥친다면 내가 뭘 할 수 있는가를 떠올리는 지성이 결핍되어 있다. 바로 그 살기 어린 처벌과 사냥이 자기 자신에게 향한다면 어떤 일이 벌어지겠는가? 어리석은 군중은 이 질문을 떠올릴 능력이 없다. 검사가 적을 향해 적용하는 잣대를 바로 자기 자신에게 적용한다면 과연 이들이 온전하게 살아남을 수 있겠는가? 검사는 자기 혐의에 대해서는 간편하게 면죄부를 발행하면 끝이다. 수사도 없고, 처벌도 없다. 검사의 혐의는 묻히고 은폐되고 홀연히 사라져 버린다. 민중은 분노한다. 그런 검찰이 무슨 놈의 사회정의를 들먹이는가? 캉디드는 이 땅의 검찰에 대해 혀를 내둘렀다.

검사의 공소장을 가지고 편의적인 재판을 진행하는 사

법부에는 한 사건을 통합적으로 관찰하고 판단하려는 예리한 지성이 없다. 지금 세상이, 권력이 어떻게 돌아가는지, 민중이 왜 분노하고 개탄하는지 사법부는 관심이 없다. 검찰의 악행은 언제나 개인의 유무죄 여부보다 압도적으로 큰데 사법부는 이 지점을 간과한다. 사법부의 곤충 더듬이 같은 협소한 감각은 검찰이 작성한 공소장에만 머물 뿐이다. 사법부는 공소장이 마치 십계명이라도 되듯 거기에 매료되고 현혹된다. 사법부는 사건의 전체, 사건의 맥락을 보지 못한다. 그들에겐 검찰의 악행에 대한 정의로운 분노가 결여되어 있다. 그들은 높고 높은 재판대 위에서 현실과 분리된 채 그저 검찰이 작성해 놓은 문서를 우아하게 들춰 보며 재판 놀이를 즐기고 있다. 내팽개쳐진 사회정의 속에서 한 인간이 삶과 운명 전체를 걸고 진실이 밝혀지기만을 염원하는 절체절명의 요구, 간절한 외침은 게으른 사법부에 의해 간단히 묵살된다. 진실과 정의에 대한 열렬한 갈망이 없는 한, 무고할 수도 있는 한, 인간에 대한 뜨거운 연민이 없는 한, 판사의 판단 역시 그저 부조리에 대한 공허한 가담이 될 수 있다. 사법부는 이 사실에 대한 깊은 자각이 없다.

법의 공정한 집행, 처벌의 정의란 언제나 민중을 이롭게 할 뿐만 아니라 근본적으로 나를 이롭게 한다. 정반대로, 법의 불공정한 집행, 처벌의 부정의는 민중을 우롱한다. 법률가 집단, 사법부와 검찰은 신화에 도전하지 않는다. 이들은 신화의 수혜자이기 때문이다. 이들은 신화에 기생하고, 신화를 토대로 번영한다.

———— 존중Respect

"검경 수사권 조정과 공수처 설치를 밀어붙이지 못한 것이 정말 후회스러웠다. 이러한 제도 개혁을 하지 않고 검찰의 정치적 중립을 보장하려 한 것은 미련한 짓이었다. 퇴임한 후 나와 동지들이 검찰에 당한 모욕과 박해는 그런 미련한 짓을 한 대가라고 생각한다."

-『운명이다』, 노무현 자서전

노무현 대통령은 스스로 검찰의 적이 되었고, 그리하여 검찰의 표적이 되었다. 그는 검찰 수사 중 서거했다.

조국 역시 스스로 검찰의 적이 되었다. 조국 일가는 멸문지화를 당했다.

처벌은 어떠한 경우든 '사회정의'에 기여해야 한다. 민주주의사(史)에 있어 큰 족적을 남긴 인물들이 처벌로 인해 명예와 존중을 상실하게 되는 것은 민족에, 민중에게 비극이다. 그 비극의 중심에 언제나 검찰이 있었다는 것은 과연 우연일까?

존중Respect은 민주주의에 있어 처벌만큼 중요하다. 처벌은 사회정의를 지탱하지만 존중은 사회정의 그 자체다. 존중이 무너지면, 사회정의가 무너지는 것이고, 이는 국가의 존망을 흔든다. 어리석은 군중은 존중을 헌신짝처럼 내팽개치지만 분별력이 있는 민중은 존중을 목숨처럼 수호한다. 이들은 존중을 지키려 촛불을 든다.

검찰이 기획한 마녀사냥, 수사와 처벌은 존중을 지키려는 민중에게 큰 상처를 남겼다. 검찰과 사법부가 우리 사회의 '존중' 자산의 씨를 말리고 있기 때문이다. 이대로라면, 도대체 누가 남을 수 있을지 의문이 들 지경이다. 민족을 지탱해 온 정신, 해방과 광복, 민주주의라는 긴 '존중'의 연대기에 왜 비극이 끊이지 않고 일어나는가? 불의한 처벌은 누구의 이익을 위해 기획되고 모의되는가? 어리석은 군중은 여기에 관심이 없다. 그들은 무지하다. 그들은 배신한다.

  '운동권 청산'이란 구호는 우연히 나오지 않았다. 이는 존중Respect을 무너뜨린다. 이것이 근본적으로 무너뜨리는 것, 배반하는 것은 민주주의다. 민주주의는 거저 만들어진 것이 아니라, 희생을 토대로 만들어진 것이다. 민주주의자들의 고귀한 희생 없이 민주주의가 어떻게 만들어지는가? 민중이 죽고, 다치고, 피 흘리며, 국가 폭력에 생명을 건 결과가 바로 민주주의 아닌가? 운동권의 기득권화와 희생이란 전혀 다른 문제다. 이는 문제의 본말을 뒤집는다. '운동권'을 경멸하자는 시도는 존중에 대한 도전이자 '희생'을 무가치한 것으로 만들고자 하는 시도다. 이들이 철저히 검찰 신화의 수혜자들이기 때문이다.

── 동일체주의

  신은 죽었다고 니체는 선언했다. 그러나 니체가 죽이

려 한 것은 정작 신이 아니라 인간이었다. 인간의 삶에서 신이 너무 커져 버린 것은 사악한 권력자들, 즉 인간 때문이다. 신을 악용해 권력을 유지하고, '인간성'을 파괴한 이들 말이다. 이들의 권력과 저주로부터 인간을 구원하고자 하는 것. 신은 신의 일을 하고, 인간은 인간의 일을 하는 것. 그것이 바로 니체가 신은 죽었다고 선언한 이유다.

민중은 너무 커져 버린 나머지 이제 삶 자체를, 민중을, 민주주의를 손아귀에 쥐고 흔드는 검찰이 죽어야 한다고 말하고 있다. 민중은 외친다. 검찰 신화는 가짜다! 왜 사회 전체가 한 줌도 안 되는 검사들 몇 명에게 끌려가야 하는가? 왜 사회정의와 자유, 주권을 검사들이 장악하도록 내버려두어야 하는가? 존중의 자산을 파괴하는 검찰을 왜 보고만 있어야 하는가? 검찰은 검찰의 일을 하고, 주인은 주인의 일을 해야 한다. 그것이 검찰개혁의 요체요, 정신이다.

민중은 외친다. 검찰이 죽어야 한다고! 검찰이 죽고 민중이 살아야 한다고. 검찰이 차지하고 있는 주인 자리를 빼앗아 민중이 주인이 되어야 한다고!

왜 국가가 검찰에 끌려다녀야 하는가? 캉디드는 어이가 없어 고개를 떨구었다. 대한민국에서 신(神)은 검찰이군! 그는 읊조렸다. 군중의 생각, 관념, 감정을 주도하는 집단이 검찰이었어! 1년 내내 검찰 기사가 언론에 도배되다시피 하는 나라라니! 이 나라는 검찰이 지배해? 어리석은 군중은 그런 검찰에 열광해! 이건 아무리 생각해도 비이성적인 현상이 아닌가? 민중이 피 흘리며 이룩해 놓은 민주주의를 검찰이 강탈해 간 거야! 사람들은 말했다. 민주주의의 성취에 기여한 인물들은 죄다 검찰 손에 조리돌림당했군! 그들은 존중과 명예를 잃어버렸어! 검찰은 거짓을 흘리고, 중학생의 일기장을 뒤지고, 증인을 협박하는 것도 모자라 증거를 조작하면서까지 그들의 명예를 끌어내리려고 한 거야! 단지 그들이 검찰을 개혁하려 한다는 이유 때문에! 그들(검찰)은 민중이 이룩한 민주주의를 파괴해서라도 자신들의 이익, 권력을 놓고 싶지 않았던 거야! 그들의 실체는 한낱 악인일 뿐이 아닌가? 만인이 의심하는 범죄 혐의가 있음에도 검찰, 검찰 가족이라는 이유로 수사 자체를 안 하면서 정작 타인을 향해서는, 표적을 향해서는 사냥하듯 절멸시키려 한 거야! 자신(검찰)들을 죽이려 하는 이들의 명예를 짓밟고 군중이 등을 돌리게 만듦으로써 결국 자신들의 권력을 유지하려 했던 거야! 어떻게 이런 일이…. 캉디드는 탄식했다.

> 폭력은 아마도 최초의 종교적 경험일 것이다. 태고의 인간에게 모든 것을 파괴하는 자연의 폭력이나 맹수의 살상력은 트라우마적 공포와 매혹의 감정을 동시에 안겨주었을 것이다. 그리하여 이들은 신으로 인격화되거나 초인적 현실로 숭상되기에 이른다.
>
> – 『폭력의 위상학』, 한병철, 2. '폭력의 고고학', 25p

콜로세움에서 맹수가 인간을 물어뜯고 사지를 찢어 죽이는 잔인한 장면은 군중을 사로잡는다. 이는 공포와 매혹의 감정을 동시에 일으킨다. 어리석은 군중은 처벌이라는 명목으로 행해지는 폭력의 본성을 보지 못한다. 이 처벌이 특정 집단의 보복으로 기획되었을 수 있다는 가능성은 폭력의 잔인성과 폭력이 불러일으키는 매혹의 감정으로 은폐된다.

"친구/적 대립에 따른 현실적 집단 형성은 너무나 강력하고 결정적이어서, 어떤 비정치적 대립이 일단 이러한 집단 형성을 야기하고 나면 그때부터는 지금까지의 '순수하게' 종교적인, '순수하게' 경제적인, '순수하게' 문화적인 기준과 동기는 뒤로 밀리고, 그리하여 '순수하게' 종교적인, '순수하게' 경제적인, 혹은 다른 어떤 '순수한' 관점에서 보았을 때는 때로 매우 일관성이 없고 '비합리적'으로 보이는 완전히 새롭고 독특한 정치적 상황의 조건과 결론이 비정치적 대립을 지배하게 된다."

- 『폭력의 위상학』, 한병철, 4. '폭력의 정치', 64~65p

    검찰은 동일체주의를 신봉한다. **동일체주의는 같은 것을 찬미한다.** 다른 말, 다른 생각, 다른 사고는 동일체주의에서 배제된다. 임은정 검사는 다른 주장, 다른 생각을 펼침으로써 동일체주의 집단인 검찰에서 배척되었다. 동일체주의는 검찰 특권을 유지하는 데, 검사의 부패 및 범죄를 처벌하지 않는 데 한목소리를 낸다. 그들은 21세기 대한민국의 유일무이한 특권 계급이다. 그들은 치외법권, 요새다.

    동일체주의는 같은 것을 재생산한다. 다른 목소리, 다

른 견해는 배척된다. 검찰총장이 적으로 규정한 이에 대해서는 사냥을 벌인다.

> 같은 것의 폭력은 그 긍정성으로 인해 보이지 않는다. 같은 것의 창궐은 스스로를 성장으로 제시한다. 그러나 어떤 특정한 지점을 넘어서면 생산은 더 이상 생산적이지 않고 파괴적이며, 정보는 더 이상 정보를 주지 않고 왜곡하며, 소통은 더 이상 소통적이 아니라 그저 누적적이다.
>
> – 『타자의 추방』, 한병철, '같은 것의 테러', 8p

검찰의 동일체주의는 사회정의를 파괴하고 법 정의를 무력화시킨다. 검찰은 적을 향해 왜곡된 정보를 생산하고 이를 언론에 흘리며, 마녀사냥을 벌인다. 무슨 수단을 동원해서라도 적을 섬멸하는 것, 이것이 검찰권 행사의 본질로 변형된다. 증인도, 증언도, 증거도 적의 섬멸을 위해 동원된다. 증인, 증언, 증거는 검찰이 적을 섬멸하기 위해 짜깁기하거나 거짓과 협박으로 창조된다.

검찰은 동일성으로 인해 민주주의를 거부한다. 민중이 지배하는 검찰, 민중이 주인인 검찰이란 없다. 검찰이 표적을 정하고 한번 수사를 시작하면, 멈출 수도 교정할 수도 없다. 거기엔 다른 목소리, 다른 시각이 개입할 어떠한 여지도 없다. 검찰 지휘권자인 법무부장관도 목소리를 낼 수 없다. 여기엔 타자가 없다. 오직 동일체주의에 따른 같은 것의 창궐만이 있을 뿐이다. 같은 것만을 숭배하는 검찰은 외부의 목소리를 경청하는 본성을 잃어버렸다.

── 악(惡)의 현현

> 폭력을 더 많이 행사할수록 더 많은 권력이 돌아온다. 타자에게 가해진 폭력은 생존 능력을 증대시킨다. … 모두가 파트로클로스의 시신을 에워싸고 복수의 서약을 한 뒤에 그의 시신을 불태우기 위한 장작더미 앞에서 셀 수 없이 많은 소, 양, 염소, 돼지를 잡아 죽인다. 중요한 것은 살육 그 자체다.
>
> – 『폭력의 위상학』, 한병철, 2. '폭력의 고고학', 24~25p

동물 중 오직 인간만이 타인에게 고통을 주는 것이 무엇인지, 두려움과 괴로움이 어떻게 생기는지 안다. 오직 인간만이 어떻게 타인에게 고통을 줄 수 있는지 안다. 우리는 또 어떤 경우에 발가벗겨지고, 발가벗겨진 상태가 무엇을 의미하는지 알고 있다.

생명체 중 오직 인간만이 의도적으로 타인을 학대한다. 누군가의 약점을 알고 있다면 깊은 상처와 굴욕감을 안겨 줄 수도 있다. 오직 인간만이 교묘하고 가혹한 고문을 행한다. 이런 행위는 포식자의 사냥보다 훨씬 더 악랄하다.

> 오로지 인간만이 랙, 섬스크루 같은 고문 도구를 생각해냈다. 오로지 인간만이 온전히 고통을 위한 고통을 줄 수 있다. 순전히 고통을 위한 고통! 이보다 더 완벽하게 악을 표현할 수는 없을 것 같다. 동물에게는 그런 능력이 없다. 하지만 인간은 타인에게 고통을 가하는 일이라면 신에 버금가는 능력이 있다. 오늘날 지식계에서 원죄라는 개념은 인기가 없지만, 인간이 얼마나 악해질 수 있는지를 보면 원죄를 인정하지 않을 수 없다.
>
> – 『12가지 인생의 법칙』, 조던 B. 피터슨, 92p

검사들은 고문과 학대의 전문가들이다. 그들은 타인

에게 고통을 주기 위해 검찰권을 남용한다. 그들은 모함과 조작으로 한 인간의 고귀한 명예를 짓밟고 어리석은 군중으로 하여금 침을 뱉게 만든다. 검찰은 괴롭힘을 목적으로, 고문과 학대를 목적으로 무고한 이의 삶 전체를 뒤지고, 망신 주려 언론에 흘리고, 하찮은 죄목들을 나열해 기소한다. 장시간 재판과 언론 보도로 한 인간의 삶을 황폐화하고, 그의 존중 자산을 무너뜨린다. 이는 본질적으로 수사가 아니다. 이는 새로운 형태의 가학 행위다. 사람들은 캉디드에게 말했다. 검찰 신화는 이제 그만 막을 내려야 한다고. 하나회가 해체되면서 군인 신화가 막을 내렸듯이. 민중의 신화가 검찰의 신화를 대체해야 한다고. 검찰 신화는 단지 소수의 검사들을 살릴 뿐, 사회 전체를 지옥으로 끌어내린다고. 캉디드는 동의했다. 그는 말했다. 검찰이 죽어야, 민중이 살아난다. 민중이 살아나야 민주주의가 회복될 것이다. 검찰은 주권을 민중에게 반납해야 한다.

대한민국 검사는 고작 2,300명밖에 안 됩니다. 검사정원법에 따라서. 전체 공무원 중의 0.19퍼센트 정도에 불과한 특수 공무원입니다. 그런데 고작 (전체 공무원 중) 0.19퍼센트에 불과한 검사가 온 나라 요직을 장악하다 못해서 방송 통신 분야마저 검사의 지휘를 받는다. 이게 정상적인 나랍니까, 후보자님?

— 국회 과기정통부 김홍일 방통위원 후보자 인사청문회, 이소영 더불어민주당 의원 질의 중, 2023. 12. 27.

지금은 신화 속에서 온갖 영화와 권력을 누리지만, 검찰 종사자들에게 필요한 말을 들려주고자 한다.

어떤 사건에 몹시 분개했던 자들과, 명성이나 재앙이나 적개심이나 어떤 종류의 운명 때문에 세인의 주목을 끌었던 자들을 끊임없이 상기하라. 그러고 나서 "그것들은 지금 어디 있지?" 하고 생각해보라. 연기요 재요 옛이야기이거나 옛이야기도 못 되는 경우도 있다. … 그들이 그토록 추구하던 것이 얼마나 무가치한 것이었는지 생각해보라.

— 『명상록』, 마르쿠스 아우렐리우스, 203p

기록한바 의인은 없나니 하나도 없으며 … 선을 행하는 자는 없나니 하나도 없도다.

– 로마서 3장 10~12절

6. 정치적 중립성 신화

─── 정치적 중립성의 해석

정치적 자유는 오직 권력이 남용되지 않을 때만 존재한다. 그러나 경험에 따르면 권력을 쥔 자는 예외 없이 권력을 남용한다. 권력 남용은 한계에 도달할 때까지 계속된다.

- 『법의 정신』, 몽테스키외, '자유란 무엇인가', 132p

권력 남용이 없어야 정치적 자유가 존재한다. 권력 남용이 없어야 주인이 주인 역할을 할 수 있다. 주인이란 언제나 권력을 남용하려는 자의 음흉하고 간악한 시도 앞에 서 있는 자다. 그러므로 주인은 권력 남용의 시도에 민감하게 반응해야 한다. 곧 저항이다! 내가 주인으로서 바로 서려면 권력을 남용하려는 자를 용납하지 않는 용기와 기개가 필요하다. 그를 준엄하게 꾸짖고 그러한 시도조차 하지 못하도록 심판해야 할 책임이 바로 주인에게 있는 것이다.

내 '정치적 중립성'은 나 스스로 지키는 것이다. 정치적 목적을 달성하기 위해 나의 양심과 신념을 배반하게 만드는 폭력에 맞서야 한다. 이러한 저항이란 나의 직업과 신분에 차별 없이 정당하다. 폭력과 독재하에서 민중은 자신의 '정치적 중립성' 권리를 보장받을 수 없다. 폭력과 독재는 민중의 정치적 자유를 침해해 민중을 한낱 권력 유지의 도구로 사용한다. 그들은 민중의 양심과 자유를 빼앗는다. 그들은 사적 이익을 달성하려 민중을 억압한다.

'정치적 중립성'이란 권리인가, 의무인가? 이는 오래된 논쟁이다. 권력과 독재는 이를 의무로 규정한다. 폭력과 독재는 '정치적 중립성' 조항을 들어 공무원, 기자, 관료, 교수 등의 정치적 권리를 제한한다. 이는 민주주의를 위태롭게 만든다. 현대 민주주의 사회에서 '정치적 중립성'이란 권리의 개념으로 해석되어야 그 의미가 더 깊고 풍부해진다.

민주주의의 최고의 도구는 '말'이다. 참된 권력은 '말'로 민중을 설득할 것이다. '말'이 제 기능을 수행할 때, 민주주의가 살고, 민중은 행복해진다. 그러나 독재와 폭력은 '말'을 억압한다. 그들은 '말'을 불온시한다. 정당한 문제 제기, 정당한 의심, 정당한 보도, 정당한 '말'을 이유로 압수수색을 벌이고, 수사를 벌인다. 이들은 '정치적 중립성'을 들어 주인의 '말'을 억압한다. 이들은 마치 정치적 중립성의 본래 의미가 '침묵'인 듯 선전한다. '침묵'이란 독재의 언어다. '침묵'은 노예의 의무다. '침묵'은 폭력을 가능하게 하는 지옥이다.

　'정치적 중립성'이 '의무의 개념으로 좁게 해석된다면, 이는 폭력으로 작용할 수 있다. 어리석은 군중은 '정치적 중립성'을 들어 정치 참여 자체를, '말' 자체를 제한하는 데 저항 없이 동참한다. 이들은 폭력과 독재의 무지한 동조자들이다. 이들은 독재와 폭력의 적극적 참여자들이다. 이들은 민주주의의 소리 없는 파괴자들이다.

── 정치적 중립성 위반자들

 스스로 멈추는 악(惡)이란 존재하지 않는다. 권력 남용이란 언제나 한계에 도달할 때까지 계속된다. 오늘날 민중은 고발한다. '정치적 중립성'을 가장 많이 어기고 법을 위반하는 집단은 검찰이다! 민중의 분노는 심각한 수준에 다다랐다. 캉디드는 이에 개탄했다. 대체 검찰은 민중의 검찰인가, 사익 집단인가?

 권력기관의 무도한 정치 개입, 조작, 거짓이 도를 넘고 있다. 정치적 중립성 위반에 있어 검찰은 이미 한계를 넘어섰다. 이유는 간단하다. 처벌되지 않기 때문이다. 처벌되지 않기 때문에 그들은 멈출 이유가 없다. 조작하고, 짜고, 기획하고, 선동하며, 하고 싶은 것을 다 하고 있다.

 '정치적 중립성' 문제는 이러한 경우에 심각하게 다뤄져야 한다. 민중의 정치적 권리를 제한하는 데 악용할 것이 아니라! 대체 검찰이 법을 말할 자격이 있는가? 민중은 묻고 있다. 입만 열면 검사들이 읊어 대는 '법과 원칙'이 의미하는 바가 무엇인가? 검사들 자신은 지키지도 않는 '법과 원칙'을 왜 타인에게 들이대 처벌하는가? 캉디드는 말한다. 악마(惡魔)가 따로 없군!

> 무릇 백성이란 다정하게 다독이거나 아니면 철저히 제압해야 하는 대상이라는 점이다. 사람은 작은 피해에 대해서는 보복을 꾀하지만, 엄청난 피해에 대해서는 감히 보복할 엄두를 내지 못하는 법이다. 부득불 백성에게 피해를 끼칠 경우 그들의 보복을 두려워할 필요가 없을 정도로 철저히 제압할 필요가 있다.
>
> – 『군주론』, 니콜로 마키아벨리, '보복 가능성의 차단', 74~75p

 검찰의 보복은 민중 사이에 두려움을 조장한다. 검찰의 보복은 대한민국 정치에 짙은 두려움의 그늘을 드리운다. 검찰은 적에게 보복함으로써 민주주의를 파괴한다. 검찰은 민주주의의 적(敵)이다.

 오늘날 대한민국에서 검찰은 언론을 상대로, 정당을 상대로, 민중을 상대로 보복한다. 검찰은 한 인간을 상대로 '멸문지화'를 행한다. 검찰은 한 인간을, 표적을, 민중을 멸문지화해 다시 일어설 수 없도록 만든다. **작은 피해에 대해서는 보복을 꾀하지만, 엄청난 피해에 대해서는 감히 보복할 엄두를 내지 못하는 법**이라 그런 건가?

대검찰청 소속의 손준성 검사는 '고발사주' 사건으로 기소되었다. ─ 그는 사법부로부터 징역 1년을 선고받았다. ─ 그러나 민중은 말한다. 그의 죄의 심각성은 '정치적 중립성' 위반에 있다! 손준성은 검사로서 지켜야 할 정치적 중립을 지키지 않았어! 대체 몇 번째인가? 검찰이 왜 이러는 걸까? 검찰은 왜 무고한 사람을 상대로 모략을 꾸미고, 결백한 이를 모함하고, 법 기술을 이용해 이들을 처벌하려 들까?

1심 판결문에 의하면, 검사 손준성은 거짓의 기획자다. 그는 보복하기 위해, 결백한 이들을 단두대 위에 세우기 위해 권력을 남용했다. 그는 엄중히 지켜야 할 정치적 중립성을 위반해 선거에 개입하려 한 혐의를 받는다. 민중은 악에 받쳤다. 과연 손준성 혼자 그런 거대한 일을 꾸몄을까? 손준성 혼자서?

"(손준성은) 검사가 지켜야 할 핵심 가치인 정치적 중립을 정면으로 위반했다."

– 서울중앙지법 형사합의27부의 선고

검찰은 2020년 총선을 앞두고 반검찰 인사들(유시민, 최강욱 등)과 기자들을 고발하도록 야당인 미래통합당(현 국민의힘)에 고발장을 만들어 전달했다. 이것이 의미하는 바가 무엇인가? 이 반란이 실제 이뤄졌다면 무슨 일이 벌어졌을까? 유시민은 어떻게 되었을까? 검사를 비판하는 기사를 써 검찰의 표적이 된 기자들은? 나아가 민중이 대표자를 선출하는 선거는 어떻게 흘러갔을까? 사안의 중대성으로 보자면, 사법부가 선고한 징역 1년의 형량이 적당했는지조차 의심스럽다.

고위공직자범죄수사처는 '윗선' 개입 여부는 밝히지 못한 채 손 검사장만 기소했다. '검찰총장(윤석열)의 눈과 귀'로 불리는 대검찰청 수사정보정책관(손준성)과 그 휘하 검사 여럿이 범행에 관여했으나 손준성 검사만 기소되고 재판을 받았다. 고발장에는 당시 검찰총장 윤석열과 부인 김건희, 그리고 한동훈(반부패부장) 등이 피해자로 적시돼 있었다. — 공수처는 윤석열, 한동훈 등에 대해서는 무혐의 처분했다. — 윤석열 대통령 취임 후 검찰은 감찰을 벌여 손준성에 대해 무혐의 처분을 내렸고, 나아가 그를 검사장으로 승진시키기까지 했다.

── 정치적 중립성 권리 지키기

"만일 당신이 부당한 상황에서 중립을 지킨다면, 당신은 박해자의 편을 택한 것이다. 코끼리가 생쥐의 꼬리 위에 자기 발을 올려놓고 있는데 당신은 '나는 중립을 지킨다.'라고 하면, 그 생쥐는 당신의 중립에 고마워하지 않을 것이다."

- 데스몬드 투투 주교(구글)

오늘날 우리 사회의 만연한 믿음 중에 가장 우스꽝스럽고 불합리한 것, 그것은 '정치적 중립성 신화'다. 정치적 중립성 신화를 우상처럼 신봉하고 신격화하며 이를 바탕으로 타인을 단죄하는 집단, 바로 정치인들이다. 민중을 주인으로 섬기고 일해야 할 이들이 가장 전면에 나서서 민중의 정치 권리를 제약하려 든다는 것은 커다란 모순이다. 이들은 민중이 주인이라는 대전제를 짓밟는다. **주인은 말하고, 모이고, 토론한다. 주인은 결정한다.** 그러한 주인을 상대로, 정치인들이 정치적 중립성을 내세워 칼을 든다는 것은 어처구니없는 일이다.

"공무원의 신분과 정치적 중립성은 법률이 정하는 바에 의하여 보장된다."

– 대한민국 헌법 7조 2항

헌법의 '공무원의 정치적 중립성' 조항은 4·19혁명(1960) 이후 새롭게 명시되었다. 관권선거로 얼룩진 1960년 3·15부정선거가 원인이 돼 무너진 이승만 독재 시대를 반성하며 도입된 것이다. 공무원들이 집권 여당 압력에 의해 선거에 동원되는 것을 금지하는 것이 헌법 도입의 원래 취지였다. 오늘날, 정치권이 헌법이 명시한 공무원의 '정치적 중립성'을 들어 공무원의 정치적 권리를 크게 제약하려 드는 것은 법의 원래 정신을 배반하는 것이다.

민중의 권리를 독재와 폭력으로부터 보호하고자 하는 법률이 도리어 정치적 권리를 박탈하는 족쇄가 되고 있다. 딜레마다. 어디까지가 권리이고, 어디까지가 금지인가? 민중은 직업이나 신분과 상관없이 주인이다. 민주주의 바탕 위에서 정치적 중립성이 실현되도록 국가는 보장할 의무가 있다. 이것이 도리어 주인성을 제한하는 법률로 오용되는 것은 모순이다.

  캉디드는 말한다. 민중이여, 이 땅의 주인들이여, 정치적 중립성이란 묵언수행이 아니다! 무관심이나 침묵이 곧 중립성이 아니다! 정치적 중립성 조항이란, 당신들 주인들이 신분과 직업에 따라 차별 없이 정치적 발언을 할 수 있도록 보장하기 위한 법률이다! 자신의 신념과 양심에 따라 정치적 억압을 받지 않을 권리를 명시한 법률이다!

  주인은 부지런해야 하고 권리와 책임에 예민해야 하며 자유를 갈망해야 한다. 주인은 진실을 요구할 권리를 지닌 자다. 정치적 중립성 신화는 이러한 주인성을 허물어뜨린다. 주인은 그저 평안히 잠들어 있으라. 주인은 침묵하라. '말'하는 것, '의논'하는 것, '공개'를 요구하는 것, 알고자 하는 것은 정치적 중립성 위반이다! 독재와 폭력은 주인의 권리를 약탈한다. 그리하여, 주인이 없는 금고에 이리 떼가 득실거리게 된다. 이들은 주인이 마음 놓고 잠에 든 사이 창고를 약탈한다. 이들은 주인의 권리를 탐내고 도둑질하는 간악한 자들이다.

—— 주인이 되어야 정치적 중립성을 보장받을 수 있는 것!

 '정치적 중립성 신화'는 우리가 함께 살아가는 이 사회를 지옥으로 만들어 놓는다. 정치적 중립성이란 주인이, 주권자가 자신의 정치적 권리를 이행할 수 있도록 보장하는 울타리다. 나를 옥죄는 법률이 아니라 나의 권리를 보호하는 안전핀이다. 그러나 우리 사회에서 이 법률은 정반대로 해석되었다. 정치적 중립성이란 교리를 지키기 위해 마치 내가 정치와 관련해선 아무것도 하면 안 될 것 같은 인상을 풍긴다. 이는 잘못된 것이다.

 할 일을 잃어버린 주인은 책임과 의무로부터 자유롭다. 주인의 권리는 대리자에 의해 전적으로 실행되기 때문이다. 이는 약탈이다. 아무 행동도 하지 않고 아무 말도 하지 않으며 아무런 참여도 하지 않은 대가는 철저한 약탈뿐이다. 실제로는 이리 떼인 이들에 의해 나의 권리를 약탈당하는 것이다. 정치의 본래 의미는 이렇게 사라지거나 축소된다. 침묵하는 시민, 그럼으로써 주인성을 잃어버린 시민만이 남게 된다. 전교조, 민노총과 같은 행동하는 민중 단체에 대한 반감은 폭력적 권력과 언론에 의해 구축되었다. 이것은 만들어진 것이고 인위적으로 퍼뜨린 감정이다. 여기엔 무언(無言)에 대한 명령이 담겨 있다. 이 명령은 민중을 향한다. 행동하지 말라! 말하지 말라!

침묵은 쉬운 길이다. 나만 살자는 편의주의다. 편의주의란 충동적이고 고상하며 우아한 길이다. 무관심은 편하다. 어떤 일도 나의 일이 아니기 때문이다. **아무 행동도 하지 않는 나에게는 아무런 일도 일어나지 않는다.** 대통령실의 누군가가 "아무 말도 하지 않으면, 아무 일도 일어나지 않는다."라고 말한 것은 우연이 아니다. 침묵의 금기를 깨는 순간 어떤 일이 일어날 수 있음을 예고하는 것이다.

오늘날 언론이, 국가 기관에서 일하는 공무원들이, 교사가, 노동자가, 학생들이 정치적 중립성을 이유로 침묵을 신격화하도록 교육받고 강요받는다. 이는 잘못된 생각이다. 거짓 신화다.

침묵은 가장 편한 방식으로 모든 해골을 벽장에 감추는 것이다.[7] 우리 사회에 산적해 있는 부정부패, 온갖 더

---

7) 『12가지 인생의 법칙』, 조던 B. 피터슨, 289p

러운 범죄들, 음모와 기획 등을 은폐하겠다는 것이다. 정치에 있어 가장 첨예한 문제 중 하나, 즉 정적 제거 기도와 같은 음험한 범죄 행위를 산속 깊은 곳 구덩이 속에 묻어 버리겠다는 것이다. 우리 사회의 그 누구도 여기에 이의를 제기하거나 토를 달아서는 안 된다. 그것은 정치적 중립성 위반이다. 사회적 책임과 역할이 큰 이들, 교사나 언론인, 공무원뿐만 아니라 일반 시민, 노동자도 예외가 될 수 없다. 이들의 개인적 활동, 술자리에서의 토론과 논쟁, SNS 등도 모두 검열 대상이 되어야 한다. 이들은 민주주의 사회 시민이 신격화해야 할 가장 중요한 의무, 즉 정치적 중립성을 위반할 수 있는 잠재적 범죄자들이다. 캉디드는 우리에게 속삭인다. 민중이여, 당신들은 이러한 거짓 신화에 저항해야 해!

> 자신의 어두운 비밀을 감추는 짓이다. 당신이 카펫에 방금 흘린 피를 덮는 것이고 마땅히 져야 할 책임을 회피하는 짓이다. 쉬운 길만 선택하는 편의주의는 비겁하고 천박하며 잘못된 것이다. 편의주의가 반복되면 사악한 면이 모습을 드러낸다. 편의주의는 당신의 저주를 다른 사람이나 미래의 당신에게 돌리는 것이다. 늘 쉬운 길을 택

하려고 하는 당신 하나 때문에 당신의 미래, 그리고 이 세상 모든 사람의 미래가 더욱 암울해진다. 그래서 편의주의는 무조건 나쁘다.

- 『12가지 인생의 법칙』, 조던 B. 피터슨, 289p

아무 말도 하지 않는 것, 참여하지 않는 것, 관심을 두지 않는 것은 편의주의에 기반한 행동이다. 여기엔 아무 힘도, 에너지도, 노력도, 품도 들어가지 않는다. 편의주의에 있어 가장 이상적인 결과는 무관심이다. 무관심, 이는 가장 쉬운 길이자 편리하고 안전하다. 정치적 중립성이란 곧 무관심을 신격화한다. 사회 문제에 관심을 두지 말라는 말은 정치를 야심가들만의 놀이터로 만들어 준다. 야심가들의 왕국은 정치적 중립성 신화를 바탕으로 건설된다. 이에 대해 말하는 이들이 없어야 왕국은 유지되고 영속되고 건재해지기 때문이다.

권력자의 치명적인 약점, 실수, 오판, 부정부패의 은폐는 치밀하게 계획되고 수행된다. 모든 국가기관, 관료, 정치인, 언론에 등장하는 권모술수가들의 달콤한 말은 진실을 감추고 권력에 기생하며 권력을 옹위하는 데 수

렴된다. 그들은 주권자로 하여금 정치적 중립성을 신화처럼 떠받들게 하면서 자신들의 야심을 성취한다.

악인에게는 하나님이 이르시되 네가 어찌하여 내 율례를 전하며 내 언약을 네 입에 두느냐. 네 교훈을 미워하고 내 말을 네 뒤로 던지며 도둑을 본즉 그와 연합하고 간음하는 자들과 동료가 되며 네 입을 악에게 내어 주고 네 혀로는 거짓을 꾸미며 앉아서 네 형제를 공박하며 네 어머니의 아들을 비방하는도다. 네가 이 일을 행하여도 내가 잠잠하였더니 네가 나를 너와 같은 줄로 생각하였도다. 그러나 내가 너를 책망하여 네 죄를 네 눈 앞에 낱낱이 드러내리라 하시도다. 하나님을 잊어버린 너희여, 이제 이를 생각하라. 그렇지 아니하면 내가 너희를 찢으리니 건질 자가 없으리라.

- 시편 50편 16~22절

7. 이태원 참사, 선과 악의 데자뷔

───── 칼에 의한 결단

타자, 적의 목을 끊어버림으로써 결단이 내려진다. 결단은 타자의 말을 끊어버리는 것이다. 결단은 칼에 의한 중재 없는 결정이다. 폭력이 결단의 기초를 이룬다. 정치적인 것의 매체로 기능하는 토론은 전혀 다른 정신을 따른다. 이러한 정치에서는 투쟁이 아니라 타협이 핵심이다.

– 『폭력의 위상학』, 한병철, 4. '폭력의 정치', 70p

참사는 사회를 구성하는 인간 총합의 도덕성을 시험한다. 타인의 희생에 대한 배려, 공동체의 도덕성은 참사와 같은 공동의 고통에서 드러난다.

'여호와의 눈은 어디서든지 악인과 선인을 감찰하시느니라.'

– 잠언 15장 3절

선과 악은 우리 주변에 있다. 어떤 말, 어떤 결단, 어떤 행위는 악(惡)이다. 타자에 대한 폭력, 권력의 오남용은 악이다. 타자, 적의 목을 끊어 버리는 것은 악이다. 칼에 의한 중재 없는 결정 역시 악이다. 토론이 아닌 일방적인 결정, 타인에 대한 배려가 없는 명령은 악이다.

이태원에서 일어난 비극은 정부, 행정안전부, 경찰, 서울시, 용산구 등의 무능함과 실정을 증명했다. ― 적어도 이 둘 (정부의 무능함과 참사) 사이의 관계는 무관하지 않다. ― 참된 용기는 실패와 무능함을 인정하는 것이다. 깊은 슬픔에 빠진 민중을 위로하고, 황망하게 가족을 잃은 유가족을 보듬는 것은 용기 없이 불가능하다. 그러나 정부와 책임 부처가 이러한 용기를 저버리는 것은 악이다.

민중의 목을 끊어 버림으로써 내려지는 결단은 파국을 초래한다. 민중의 말을 끊어 버리는 결단, 칼에 의한 중재 없는 결단, 비극의 진상을 은폐하는 결단은 폭력이다. 폭력은 어느 경우에도 참사를 대하는 올바른 선택이 될 수 없다.

포악한 자여 네가 어찌하여 악한 계획을 스스로 자랑하는도다. 하나님의 인자하심은 항상 있도다. 네 혀가 심한 악을 꾀하여 날카로운 삭도 같이 간사를 행하는도다. 네가 선보다 악을 사랑하며 의를 말함보다 거짓을 사랑하는도다. 간사한 혀여, 너는 남을 해치는 모든 말을 좋아하는도다! 그런즉 하나님이 영원히 너를 멸하심이여, 너를 붙잡아 네 장막에서 뽑아내며 살아 있는 땅에서 네 뿌리를 빼시리로다!

― 시편 52편 1~5절

악한 계획이란 악의 편에 서는 것, 거짓을 사랑하는 것이다. 이는 타인을 해친다. 이는 민중을 진실에 다가가지 못하도록 내리는 반인간적인 결단이다. 참사 자체가 그렇지만 참사 이후의 후속 조치가 더욱 민중의 공분을 일으켰다. 포악하고 무도한 결단이 이어졌고, 권력이 책임지지 않는 모습이 연출되었다. 민중의 분노는 사그라들지 않고 오히려 더 커졌다. 민중은 고발한다. 참사 발발 이후 500일이 넘도록 유가족이 거리에서 헤매는 것은 악(惡)이야! 이건 민주주의가 아니야! 슬픔의 온전한 치유도, 진실 규명도 이뤄지지 않은 것, 이는 포악한 것이다. 이는 악을 따르는 결단이다.

── 기괴한 풍경

> "사람이 만일 온 천하를 얻고도 제 목숨을 잃으면 무엇이
> 유익하리요 사람이 무엇을 주고 제 목숨을 바꾸겠느냐!"
>
> – 마태복음 16장 26절

온 천하를 얻고도 목숨을 잃는다면 유익함이 없는 것이다. 그렇기 때문에 인간의 생명을 다루는 권력의 처사는 그 권력의 속성을 전면적으로 드러낸다. 이는 바로미터이자 저울이다. 권력의 도덕성, 유능함, 목표, 가치 서열 구조 등은 참사 국면에서 극명하게 드러난다. 진실을 덮고, 책임지지 않으며, 반성도 사과도 없는 결정은 권력의 부도덕성, 무능함을 반증한다.

> 그래서 우리는 부정의한unjust 사람, 나쁜bad 사람, 그리고 악한evil 사람을 구분할 수가 있다. … 나쁜 사람은 그것을 행사함으로써 갖게 될 지배감을 자기가 즐길 수 있고 사회적인 명성을 추구하기 때문에 자의적인 권력을 바라는 사람이다.
>
> –『정의론』, 존 롤스, 66절 '인간에 적용되는 선에 대한 정의', 567p

누가 부정의한unjust 사람인가? 누가 나쁜bad 사람인가? 그리고 우리 중 누가 악한evil 사람인가? 현명한 민중은 이를 구분할 수가 있다. 그러나 어리석은 군중은 이러한 분별력이 없다. 그들은 부정의한unjust 사람, 나쁜bad 사람, 악한evil 사람을 칭송한다. 그들은 이러한 악을 행하려 유가족을 모독한다.

나쁜 사람은 그것을 행사함으로써 갖게 될 지배감을 즐긴다. 그는 그의 행위로 말미암아 스스로 나쁜 사람이 되고자 한다. 그는 타자를 배려하고 돕기 위해서가 아니라 단지 명성을 추구하기 위해 권력을 쌓는다. 그러한 사람의 행동, 그러한 사람의 '말', 결단은 기괴할 뿐이다.

> 그러므로 너희는 이렇게 기도하여라. '하늘에 계신 우리 아버지, 이름을 거룩하게 하시오며'
>
> – 마태복음 6장 9절

구약 성경 창세기 기록에 따르면 인간은 하나님의 형상에 따라 창조되었다. 그런가 하면 마태복음에는 그러한 창조주의 이름은 거룩히 여김을 받아야 한다고 기록

되어 있다. 그러므로 하나님의 형상을 본떠 만들어진 모든 인간 영혼에게 있어 이름은 고결한 것이다. 인간은 죽어 이름을 남긴다는 격언이 있다. 적어도, 한 인간의 이름이 업신여김을 받아서는 안 되는 것이다.

> 주권자는 자신의 이름, 그리고 "나는 원한다Ich will"를 반복함으로써 작용한다. 여기서 중요한 것은 이름이다. 그것은 "그 이상 더 나아갈 수 없는 정점"이며, "<u>스스로를 규정하는 완전한 주권자적 의지, 최종적인 자기결정</u>"이다.
>
> – 『권력이란 무엇인가』, 한병철, 제장 '권력의 정치학', 123p

단 한 명의 희생자 이름도 없는 정부합동분향소란 기괴한 장소다. 여기엔 참사 피해자의 이름이 새겨진 위패와 영정 사진이 없었다. 정부는 유가족과 소통 없이 기괴한 '정부합동분향소'를 세우고 셀프 조문했다. 애도 기간의 일방적인 통보 역시 기괴한 결단이다. 정부가 '희생자'라는 단어 대신 '사고 사망자'라는 단어를 쓴 것도 기괴한 장면이었다. 이 모든 기괴함은 뭘 의미하는가?

대통령과 영부인, 총리가 애도 기간 동안 방문한 이 분향소는 괴이한 풍경을 자아냈다. 정부는 이것으로써, 모든 책임을 모면하려 해! 사람들은 분노했다. 희생자를 추모하고, 유가족을 위로하는 국가 공동체를 바랐을 뿐이야! 캉디드는 이 말에 고개를 끄덕였다. 왜 이것이 그리 어려운 일이 되었는가? 캉디드는 의문에 빠졌다. 이는 18세기 프랑스보다 나을 게 없군! 도대체 누굴 위한 처사인가? 참사의 진실을 규명하고 책임을 묻고, 재발을 막는 것은 국가의 당연한 의무가 아닌가?

> 아름다움의 정치는 환대의 정치다. 이방인에 대한 적대성은 증오이며 추하다. 이 적대성은 보편적 이성의 결여를, 사회가 여전히 화해되지 않은 상태에 있음을 보여주는 징후다. 한 사회의 문명화 정도를 보여주는 척도는 바로 이 사회의 환대, 나아가 친절함이다. 화해는 친절함을 뜻한다.
>
> ―『타자의 추방』, 한병철, '세계적인 것의 폭력과 테러리즘', 33p

참사 유가족을 만나지 않는 정부, 책임 관료, 경찰은 환대를 알지 못한다. 그들은 화해할 줄 모른다. 그들의 결단에는 친절함이 결여되어 있다. 이들의 정치엔 아름다움이 없다. 이들은 참사 유가족을 배척하고 그들을 환대하지 않음으로써 진실을 증오한다. 온갖 기획과 은폐에 급급한 이들의 정치는 추하다.

이들이 참사와 참사 유가족을 대하는 적대성에는 보편적 이성이 결여되어 있다. 이는 아름다움의 정치가 아니라 단순히 추함, 폭력이나 다름없다. 정부의 결단과 태도, '말'에는 증오가 담겨 있다. 진실에 대한, 책임에 대한 증오. 이들은 참사 유가족을 환대하지 않음으로써 문명을 거부한다. 이는 기괴한 일이다. 이들이 자신들의 권력이 대체 어디에서 온 것인지 알기나 하는 것인가? 사람들은 묻는다.

—— 선과 악

주권자는 자신의 이름, 그리고 "나는 원한다Ich will"을 반복함으로써 작용한다. 여기서 중요한 것은 이름이다. 그것은 "그 이상 더 나아갈 수 없는 정점"이며, "스스로를 규정하는 완전한 주권자적 의지, 최종적인 자기결정"

이다. "나는 원한다." "나는 나를 원한다." 이러한 자기 자신을 향한 결단은 국가의 존재를 구성하는 주권자, "다른 누구도 아닌 자기 자신에서 시작하는 자"의 주관성을 체현하는 말이다.

- 『권력이란 무엇인가』, 한병철, 제4장 '권력의 정치학', 123~124p

위패와 영정 사진이 없는 정부 분향소엔 참사 희생자가 없다. 희생자의 유가족도 거기 없었다. 정부는 희생자의 고결한 이름, 희생자의 얼굴을 지워 버림으로써 주권자의 존재를 부정했다. 주권자의 의지, 최종적인 자기결정은 폭력에 의해 부정되었다. 그러나 궁극적으로 정부가 부정한 것은 민주주의다, 민중이다.

"여기서 그렇게 많이 죽었단 말이야?"

- 윤석열 대통령, 참사 이튿날 참사 현장인 골목길을 올라가면서

"엄연히 책임이라고 하는 것은 (책임이) 있는 사람한테 딱딱 물어야 하는 것입니다. 그냥 막연하게 다 책임져라, 그것은 현대사회에서 있을 수 없는 얘기…."

- 윤석열 대통령, 국가안전시스템 점검회의에서, 2022. 11. 7.

"이건 축제가 아니다. 축제면 행사의 내용이나 주최 측이 있는데 내용도 없고, 그냥 핼러윈 데이에 모이는 어떤 하나의 현상이라고 봐야 된다."

– 박희영 구청장, 참사 다음 날, 이태원 참사 합동분향소를 찾아 조문한 뒤

"뉴욕 양키스와 보스턴 레드삭스의 월드시리즈가 있었다면 굉장히 많은 경찰 인력을 투입해야겠죠"

– 이태원 참사 외신기자회견에서 한덕수 국무총리, 2022. 11. 1.

기괴함은 언제나 더 큰 기괴함을 낳는다. 끝내 듣지 못한 대국민 공개 사과, 끝내 만나지 않은 유가족, 이 모든 것은 기괴함을 자아낼 뿐이다.

주권자는 본디 자신의 이름을 가진 자다. 한 인간의 이름은 그 이상 더 나아갈 수 없는 존재의 정점이다. 정부는 희생자 이름을 공표하는 것을 금지했다. 이는 상징적이다. 이러한 결단에는 껴안으려는 마음, 아픔을 공감하고자 하는 인간애, 친절, 책임지려는 용기가 결핍되어 있다. 이는 총체적인 폭력 그 자체다.

참사 희생자에 대한 부정은 나아가 참사 유가족을 부

정하는 것으로 이어졌다. 참사 유가족을 부정하는 것은 책임에 대한 부정으로 이어졌다. 이는 희생자의 목을 끊어 내는 결단이다. 이는 유가족의 말을 끊어 버리는, 칼에 의한 중재 없는 결단이다.

이제 결론은 분명하다. 공공의 이익을 추구하는 정체는 절대 정의의 기준으로 판단하건대 올바른 정체고, 치자들의 개인적인 이익만 추구하는 정체는 모두 잘못된 것이고 올바른 정체가 왜곡된 것이다. 왜냐하면 국가는 자유민들의 공동체인데, 그런 정체는 전제적(專制的)이기 때문이다.

- 『정치학』, 아리스토텔레스, 제3권 '시민과 정체에 관한 이론', 150p

소크라테스를 고발한 자들이 도대체 어떤 논거를 제시했기에 소크라테스가 나라에 죽을죄를 지었다고 아테나이인들을 설득했는지 나는 가끔 이상하게 여기곤 했다.

- 『소크라테스 회상록』, 크세노폰, 14p

8. 거부하는 자가 범인이다

—— 자기 이익을 위한 거부권

권력의 영역만큼이나 큰 권력자의 몸은 권력을 상실하는 순간 죽어 썩어버릴 그의 작은 육체로 쭈그러든다.

– 『폭력의 위상학』, 한병철, 5. '폭력의 거시논리', 113p

검찰은 2024년 김혜경(이재명 대표의 부인)을 음식값 10만 원 결제 혐의로 기소했다. 법인카드 유용에 의한 공직선거법 위반 혐의다. 김건희의 경우 모친 최은순과 함께 도이치모터스 주가조작으로 벌어들인 수익만 23억 원에 이른다. 김혜경과 김건희의 차이는 자그마치 23,000:1이다. 검찰은 1을 기소하면서 23,000은 기소하지 않았다. 이게 검찰이 하는 일이다.

2020년 2월, 뉴스타파가 김건희의 도이치모터스 주

가조작 의혹을 보도했고, 추미애 법무부장관이 수사를 지시하고서야 검찰은 억지로 수사에 착수했다. 사건이 일어난 지 10년 만에 벌어진 늑장 수사다. 사실상 검찰이 10년간 회피해 온 (어쩌면 알면서도 묻어 둔) 전형적인 면죄부 사건이다. 검찰의 표적수사란 악랄하고 집요하게, 검찰 스스로 언론에 이야기를 퍼뜨리는 것이다. 이와 반대로 검찰 면죄부란 거꾸로 보도가 터지고 민중의 여론이 들끓는데도 어떻게든 꾸물거리고 수사를 안 하는 것이다. 수사를 한다 해도 마지못해 수사하는 척을 할 뿐이다. 이게 검찰이다. 어리석은 군중은 이 두 경우의 극명한 차이를 보지 못한다. 이는 모래와 우주의 차이다. 이는 법의 취지를 조롱하는 일이다. 사회정의를 쓰레기 버리듯 내던지는 일이다.

추미애는 검찰총장 윤석열을 김건희 관련 수사지휘에서 배제했다. 이는 당연한 조치였다. 장장 18개월 수사 끝에 (이렇게 길게 수사해야 할 사건이었을까? 검찰의 꿍꿍이가 의문스럽다. 늑장 수사에 지연 수사다!) 주가조작범 14명이 기소되었는데, 그중 김건희는 없었다. 그녀는 가장 강력한 주가조작 혐의자였지만 재판대에 서지 않은 유일한 당사자였다. 검찰이 하는 일은 늘 이런 식이다. 검찰은 그녀를 단 한 차례도 소환조사 하지 않았다. 재판부가 유죄 판결한 102건의 주가조작 중 절반 가까이(48건) 김건희의 계좌가 사용되었는데도! 민중은 묻는다. 이게 수사야? 이게 재판이야? 이게 법치인가? 이게 만약 조국의 사건이었다면 검찰이 어떻게 했을까? 정경심이 주가조작에 가담했다면? 고작 고등학생의 인턴십, 봉사활동 가지고도 그 난리를 펴던 검찰이 아닌가? 캉디드는 이 사건을 듣고 깜짝 놀랐다. 법이 있되, 검찰은 보복하고, 검찰 가족은 법 바깥에 있군!

> **오히려 조금 비쌀 때 사서 쌀 때 매각한 게 많아서 나중에 수천만 원의 손해를 보고….**
>
> – 2022년 12월 14일, 윤석열 국민의힘 대선 후보 시절, 김건희의 주가조작 혐의에 대해 설명하면서. 그러나 김건희와 그의 모친은 이 주가조작을 통해 23억의 수익을 챙긴 것으로 드러났다.

한 명의 악인은 세상을 지옥으로 만들 수 있다. 이것이 민주주의의 약점이다. 능력과 덕성의 결핍은 권력의 크기가 상승할수록 더 두드러지게 나타난다. 그의 무능함과 부도덕함으로 인해 생긴 고통스러운 짐은 민중이 오롯이 지게 된다. 십자가를 민중에게 떠넘긴 권력자는 권력을 상실하는 순간 작은 육체로 쭈그러들 뿐만 아니라 그가 지닌 폭력성도 먼지처럼 공중에 흐트러질 것이다. 그는 권좌에 앉았을 때 자신이 행한 폭력으로 민중으로부터 외면받고 조롱받을 것이다. 조던 피터슨은 말했다.

> 신분이 상승할수록 내면의 어둠이 모습을 드러낼 가능성도 커진다. 피와 약탈, 파괴에 대한 욕망은 권력욕에서 큰 몫을 차지한다. … 권력은 복수를 가능하게 하고 복종을 강요하고 적을 부숴버릴 수 있는 힘을 뜻한다. 카인에게 권력이 있었다면 아벨을 그렇게 죽이지는 않을 것이다. 죽이기 전에 상상할 수 있는 온갖 방법으로 아벨을 천천히 괴롭혔을 것이다. 그리고 그 후에는 다른 대상을 찾아냈을 것이다.
>
> – 『12가지 인생의 법칙』, '쉬운 길이 아니라 의미 있는 길을 선택하라', 조던 B. 피터슨, 268~269p

특검을 왜 거부합니까? 죄가 있으니까 거부하는 겁니다.
대선 당시 윤석열 후보는 이렇게 말했다. 거부하는 자

가 범인이다! 그렇다면, 이 말을 해 놓고 지금 행사하는 자신의 거부권은 어떻게 해석해야 할까? 그는 검찰총장 시절 도이치모터스 주가조작 사건 지휘에서 배제되었으나 사실상 김건희는 조사조차 받지 않았고, 대통령이 되어서는 '김건희 특검법'을 거부했다. 예고된 거부였다.

> 그러나 위기와 고난의 시대에 나타나는 고매한 정신이 만약 정의가 결여되고 공공복지를 위해서가 아닌 자기 자신의 이익을 위해 투쟁한다면, 그것은 잘못된 것이다. … 그러므로 음모와 사악으로 용기의 영예를 얻고자 하는 자는 그 누구도 찬양받지 못한다. 그 이유는 정의가 결여된 것은 그 무엇도 도덕적 선이 될 수 없기 때문이다.
>
> – 『키케로의 의무론』, 키케로, '도덕적 선에 대하여', 55p

오직 자신의 이익, 자기 가족의 보호, 자기방어를 위해 사용하는 거부권은 추하다. 이는 악한 결정이다. 상대방의 티는 악랄하고 집요하게 추궁하면서 자기 눈의 들보에 대해서는 은폐하고자 하는 시도이기 때문이다. 자기 혐의의 진실이 드러나는 것을 거부한다는 점에서 법 정신을 파괴하는 것이다. 이는 불공정이다. 자신에게 주어진 공권력을 오용하는 행위다. 이러한 거부권에는 민중과 진실에 대한 존중이 없다. 이러한 거부권은 민중을 분노하게 만든다.

> **타자의 부정성은 동일자에 형체와 척도를 제공해 준다. 이것들이 없으면 같은 것의 창궐이 초래된다. … 이에 반해 같은 것에는 이것을 제한하고 이것에 형태를 부여해 줄 변증법적인 상대방이 없다. 그래서 같은 것은 형태 없는 덩어리로 창궐한다.**
>
> – 『타자의 추방』, 한병철, '같은 것의 테러', 8p

거부권은 상징적이다. 왜냐하면 대통령 취임 이후 줄곧 해 온 일이 거부뿐이기 때문이다. 거부, 거부, 거부…. 대화의 거부, 만남의 거부, 토론의 거부, 합의의 거부…. 이 정부는 한마디로 거부 정부다. 이러한 거부란 본질적으로 타자를 배척하는 것이다. 끼리끼리 결정하고 끼리끼리 처리하겠다는 것이다. 다름을 배제하고, 부정성을 회피하겠다는 의미다. 즉 같은 것의 창궐이다. 이는 '끼리 정치'다. 캉디드는 단언한다. 전체주의는, 독재는 끼리 정치의 끝판왕이자 대표적인 모델이 아닌가?

—— 끼리 정치

끼리: 그 부류만이 서로 함께. (네이버 국어사전)

 끼리끼리, 대통령과 총리, 장관들끼리, 검사들끼리, 자기들끼리…. 이러한 끼리 정치는 민주주의가 아니다. 이는 오히려 독재이거나 독재에 가까운 것이다. 끼리 정치에 타자가 끼어들 틈은 없다. 끼리 정치는 상대를 거부하고 배척한다. 민중은 끼리 정치에서 철저히 소외된다. 무엇을 결정하는지, 무엇을 목표로 나아가는지 민중은 전혀 알 수가 없다.

 활력을 부여해주는 것은 바로 부정성이다. 부정성은 정신의 삶에 영양을 공급해 준다. 정신은 절대적인 분열 속에서 자신을 발견할 때 비로소 자신의 진실을 획득한다. 균열과 고통의 부정성만이 정신을 생생하게 유지해 준다. … 그러나 긍정적인 것을 고수하면 같은 것만 재생산된다. 부정성의 지옥만 있는 것이 아니라 긍정성의 지옥도 있다. 부정적인 것뿐만 아니라 긍정적인 것도 테러를 낳는다.

– 『타자의 추방』, 한병철, '두려움', 49~50p

끼리 정치에는 나와 다른 생각을 지닌 상대방, 즉 '부정성'이 없다. 끼리 정치엔 타자가 없다. 끼리 정치는 오직 같은 것, 긍정성만을 추구하고 고수함으로써 세상을 지옥으로 만든다. 이는 아름다움이 아니라 추함이며, 민주주의가 아니라 테러다. 끼리 정치는 상대와의 만남을 거부한다. 당연히 끼리 정치는 상대의 말을 경청할 의지가 결여되어 있다. 이러한 끼리 정치는 사회의 활력을 고갈시키고 질식시킨다. 끼리 정치는 민중을 분열시켜 민주주의를 바닥까지 끌어내린다. 끼리 정치는 진실을 은폐한다.

> 경청에는 정치적 차원이 있다. 경청은 타인들의 현존재에 대한, 그들의 고통에 대한 행동이자 적극적인 참여다. 경청은 사람들을 연결하고 매개하여 비로소 공동체를 만들어낸다.
>
> – 『타자의 추방』, 한병철, '경청하기', 115p

끼리 정치에는 경청이 없다. 경청은 상대방과 마주 앉으려는 의지, 상대를 만나고자 하는 마음에서 비롯된다.

공동체란 본질적으로 경청으로 완성된다. 경청이란 매개가 없는 공동체는 그 자체로 분열이 내재되어 있다. 끼리 정치엔 이러한 매개가 없다. 끼리 정치는 오직 자기편, 자기 당, 자기 가족만을 위해 일할 뿐이다. 타자와 다름에 대한 경청이 결핍된 끼리 정치는 사회를 극단적으로 갈라놓는다.

—— 진실은 전체 속에 있는 것

 진실은 전체 속에 있기 마련이다. 부분만을 떼어 내서 그것으로써 진실인 양 포장하려 하는 것은 사실상 진실을 은폐하고자 하는 것이다. 만약 이 사건, 대장동 사건 전체를 들여다본다면, 실제로 수십억을 받은 이들, 돈과 수사, 개발에 관여한 이들의 전모가 드러나게 되리라. 그것이 바로 사건의 실체요, 진실이리라.

 소크라테스: … 어떤 경우에도 부정을 행하는 것은 옳지 않고, 또 부정으로 갚는 것도 옳지 않으며, 남이 나에게

해악을 끼쳤을 때 그 보복으로 악을 행하면서까지 자기를 방어하는 것도 옳지 않다는 것을 출발점으로 삼고 생각해 나아갈 것인지 말이야. 자네는 입장이 달라서 이런 출발점에 설 수 없는 건가?

– 『플라톤의 대화편』, 플라톤, 크리톤 '어떻게 행동할 것인가?', 103p

'대장동 50억 클럽 특검법'은 전체를 보려는 시도다. 이에 대한 거부권 행사는 전체를 부정한다. 즉 진실을 부정하는 결단이다. 이는 부정을 행하는 것이다. '악을 행하며 자기를 방어하는 것은 옳지 않다.' 무엇보다 민중에 이롭지 않은 결정이기 때문이다. 민중은 오직 진실을 원하고, 정의를 원하기 때문이다.

카를 융은 행동의 결과물을 보면 그 동기를 추론할 수 있다고 보았다. 카를 융에 따르면, 반복되는 행동 속에는 그 음흉하고 간교한 동기가 숨어 있다. 검찰의 권력 남용 행태를 죽 나열해 보면, 그 동기를 추론하는 일이 가능하다. 지혜로운 민중, 분별력을 가진 민중은 이미 알고 있다. 검찰이 어떤 이유 때문에 조국을 쳤군! 이건 의도적인 행위야. 그리고 누군 봐주려 했어! 검찰 가족이니까!

그런 그가 어떻게 공소장에 쓰인 죄를 지었겠는가? 그는 공소장에 쓰인 대로 무신론자가 아니라 분명 누구보다도 신심이 깊었으며, 고발인이 주장하는 것처럼 젊은 이를 타락시키기는커녕 분명 제자들이 나쁜 욕구를 가지면 나쁜 욕구를 버리고 가장 고매하고 가장 숭고한 미덕을 원하게 만들어 나라와 가정이 잘 관리되게 했다. 그의 이런 행위야말로 국가로부터 크게 존중받아 마땅하지 않은가?

– 『소크라테스 회상록』, 크세노폰, 40p

—— 법 기술자들

크세노폰이 말한 대로, 어떤 이는 존중받아 마땅한 일을 하고서도 기소된다. 검찰이 작성하는 공소장이란 그것 자체로 진실 문서가 아니다. 소크라테스 공소장에서 보듯, 어떤 경우에는 진실의 정반대, 거짓을 기록한다. 사법부도, 언론도, 어리석은 군중도 이 점을 보려 하지 않는다. 그들은 무고한 이를 처벌하고 악한 자에게 면죄부를 주는 검찰 편에 선다. 오직 정의로운 민중만이 이러한 현실에 분개한다. 캉디드는 말한다. 대한민국에는 검찰에 의해 억울하게 기소되는 이가 왜 이렇게 많은가? 진정 기소되어야 할 이는 따로 있지 않은가? 사람들은 말한다. 거부하는 자가 범인이다!

  오늘날 법률가들, 판사와 검사가 민중의 신뢰를 잃은 것은 누구 책임인가? 그 책임은 본질적으로 법률가들 자신에게 있다. 소크라테스를 거짓 고발해 무고한 이를 사형 처벌한 것과 같이, 오늘날에도 이러한 행태가 벌어지고 있기 때문이다. 어리석은 군중은 법률이 자신들의 적을 치면 박수 치지만, 현명한 민중은 법률이 오직 사회정의에 부합하기만을 바랄 뿐이다. 지혜로운 민중은 적이든 아군이든, 죄를 지었으면 처벌받고 무고하다면 처벌되어서는 안 된다고 생각할 뿐이다. 법률이 진실을 가려주고 진짜 범인을 처벌해 주길 바랄 뿐이다. 언론이 진실을 추구하고, 악한 집단의 노예가 되지 않기를 바랄 뿐이다. 이 단순한 바람이 충족되지 않고 있기에 민중은 법률을, 그리고 언론을 신뢰하지 않는다. 캉디드는 이것이 비단 한국 사회의 문제만은 아니라고 말한다. 캉디드는 민중에게 옛 플라톤의 이야기를 들려주었다.

> 나라가 잘 수립되고 좋은 법률을 갖추었다 하더라도, 그 법률을 적합하지 않은 관리들에게 맡기면, 잘 제정된 법률이 전혀 쓸모없게 되고 아주 우스운 결과를 낳게 될 뿐 아니라, 그 법률이 어쩌면 나라에 엄청난 해악과 손해를 가져올 수도 있다는 점은 누구에게나 분명할 것이라는 말이지요.
>
> － 『법률』, 플라톤, 285p

몽테스키외 역시 이와 유사한 맥락에서 다음과 같이 주장했다.

> 반면에 정치적 자유는 안전에, 또는 자기 안전에 대해 갖는 의견에 있다. 공적이거나 사적인 고발 이상으로 이 안전을 위협하는 것은 없다. 그러므로 시민의 자유는 주로 **형법의 양호함에 달려 있다.**
>
> － 『법의 정신』, 몽테스키외, '시민의 자유', 143p

법률 그 자체는 선도 악도 아니다. 그 법률을 적용하

는 자가 어떻게 판단하고 결정하는가에 따라 법률은 전혀 쓸모없게 되기도 하고 우스운 결과를 낳기도 한다. 때론 법률이 도리어 사회부정의의 온상이 되기도 한다. 법률의 모순이다. 지금 대한민국 사회에서 남발되는 공적, 사적 고발은 정치적 자유, 민중의 기본권을 위협하고 있다. 사회정의가 위협받고 있는 것이다.

어떤 이들은 법률이 무슨 마술 지팡이라도 되는 듯 착각한다. 법률이 거짓과 폭력, 혼돈의 상태를 제자리로 돌려놓는 만능열쇠라고 생각하는 것이다. 사법부의 결정이 그것 자체로 진실인 양 믿는 이도 있다. 과연 그런가? 아니, 진실은 어쩌면 그 반대편에 있다고 보는 게 더 합리적일 것이다. 사법부의 행태를 보라. 법률은 억울한 자에게는 너무 멀리 있다. 억울한 자가 누명을 벗으려면 막대한 돈이 필요하고, 기나긴 인내가 필요하다. 더욱이 그런다고 해서 진실이 밝혀진다는 보장도 없다. 그 반대편에서, 우리 사회 진짜 악당, 진짜 범죄자들, 기득권자는 죄다 법률을 피해 간다. 믿어도 좋다. 이는 진실이다. 지금 당신이 가엾은 피해자가 되어 법률에 정의의 심판을 내려 주길 호소하는 처지가 된다면 바로 알게 되리

라. 실제로 법은 그러하다. 강자에겐 한없이 관대하고, 약자는 외면하는 것이 법률의 실체다. 법이 사태를 바로잡아 준다고? 지혜로운 민중은 안다. 이것은 다 헛소리라는 것을! 법률가들은 대개 땅이나 주택을 소유한 부자들이고, 사회 강자와 어울리고 그 밑에서 일하며, 자신들이 죄를 짓는다 해도 법망을 요리조리 피해 간다. 그러니, 착각에서 벗어나자. 캉디드는 말한다. 법률은 사기야! 진짜 폭력이란 법률 속에 있어! 등잔 밑이 가장 어두운 법이 아닌가?

법률로부터 스스로를 방어하려면 민중이 주인이 되는 것 이외엔 방법이 없다. 민중이 감시하고, 판단하고, 바로잡지 않으면 사실상 법률이란 한낱 강자들의 무기로 기능할 뿐이리라.

악인은 의인을 대적하여 음모를 꾸미며 그를 향해 이를 가는도다.

- 시편 37편 12절

9. 언론, 망나니가 휘두르는 칼

—— 언론에 의한 모함, 조작, 거짓

그러나 그런 일들은 하나도 사실이 아닙니다. 그리고 제가 사람들을 교육하려 하고 거기서 돈을 받는다는 말을 여러분이 들으셨다 해도 그것 또한 사실이 아닙니다.

– 『플라톤의 대화편』, 플라톤, '소크라테스의 변론', 47p

언론은 세계를 보여 주지만, 언론에 비친 세계란 곧 진실이 아니다. 언론은 보여 줌으로써 은폐한다. 어떤 것은 사실이 아니고, 어떤 것은 한낱 전언에 불과한 모함이며, 어떤 것은 거짓이다. 보도가 한 인간에게 집중되었을 때 이러한 문제는 정점에 이른다. 어리석은 군중은 언론을 맹신해 바로 돌을 집어 던질 태세를 갖추지만, 지혜로운 민중은 그것이 진실인가 여부를 판단한다. 지혜로운 민중은 판단을 유보한다. 그들은 언론을 의심한다.

미디어가 권력의 전략적 행위에 의해 전유될 수도 있고, 지배적인 권력 질서를 불안하게 만들 수도 있다. 이러한 이유에서 전체주의적 권력은 미디어 공간을 점유하려 하고, 나아가 공공 여론의 형성은 미디어의 발전과 떼어놓고 생각할 수 없다.

- 『권력이란 무엇인가』, 한병철, 제4장 '권력의 정치학', 129~130p

망나니: 예전에, 사형을 집행할 때에 죄인의 목을 베던 사람. 주로 중죄인 가운데서 뽑아 썼다. (네이버 국어사전)

"아버지, 저 사람들을 용서해 주십시오. 저들은 자기들이 하는 일을 모르고 있습니다."(누가복음 23장 34절) 이는 거의 모든 영역에서 적용되는 진리다. 어리석은 군중은 자신들이 하는 일이 무엇인지 알지 못한다. 그들은 자신이 뭘 그르치고 있는지 모르는 채로 돌을 던진다. 망나니는 자신이 누굴 베는지 모르는 이다. 망나니는 자신이 베는 이에 대해 무지하다. 그는 역사적, 정치적 맥락에 무지하다. 그는 자기 앞에 있는 사람이 누군지도 모르는 채 그저 칼을 벼리고, 목을 베는 일에 종사할 뿐이다. 언론은 망나니와 같이 그저 펜을 벼리고 받아 적고 쓴다. 그는 맥락에 무지하고 무관심하다. 그는 자신이 지금 뭘 쓰고 있는지 알지 못한 채 그저 쓸 뿐이다. 자신이 무슨 일을 하고 있는지 모르는 채 일을 하는 자는 망나니다.

언론이 진실을 목표로 삼지 않기에, 그들은 자신들의 의도와 무관하게 모함, 조작, 거짓에 가담하게 된다. 언론에 의한 모함, 조작, 거짓은 오늘날 문제를 더 꼬이게 만들고 있다. 언론은 기득권의 독재와 폭력을 저지하지 못한다. 언론은 검찰이 주도하는 마녀사냥 기획에 참여하고, 그럼으로써 진실을 창고 속에 가둔다. 마녀사냥은 사실상 무고한 한 인간을 죽인다. 지혜로운 민중은 이미 간파하고 있다. 더 이상 언론에 기대할 수 없다는 것을! 언론이, 기자가 악해서가 아니다. 문제는 목표의 부재에 있다. 바람직한 소명, 바람직한 목표가 없기 때문에 언론은 방향이 없다. 그들에겐 세계를 바라보는 명확한 가치 체계가 없다. **가치 서열 구조 없이는 세계를 균형감 있게, 체계적으로 바라볼 수 없다.** 언론에 맥락과 철학이 결핍되어 있는 이유다. 그들은 어제 파랗다고 썼

다가 오늘은 빨갛다고 쓴다. 그들의 기사는 쌓이지 않고 흩어질 뿐이며, 그들의 역량은 배가되지 않고 정체되어 있을 뿐이다.

 동일한 사건이 일어나면, 언론은 또 이전과 같이 할 것이다. 그들은 자신들이 뭘 하는지 모르는 채로 글을 쓰고 사진을 찍고 영상을 촬영한다. 그것이 진실에 부합하는지 아닌지, 지금 이 사건이 민중이 알아야 할 일인지 아닌지 그들은 관심이 없다. 대부분의 기자란 그저 상층부가 시키는 대로 움직이는 자, 회사의 방침에 충실히 따르는 자, 검찰이 불러 주는 대로 받아 적은 이들이다. 그들은 주체가 아니다. 그들은 주인이 아니다. 그들은 그저 따라가는 이이며, 맹목적으로 쓴다.

—— 언론 자유라는 착시

 언론에 대한 민중의 신뢰, 언론 자유는 언론인이 스스로 만들어 가야 한다. 민주주의가 그렇듯이, 언론 자유도 마찬가지다. 스스로 책임을 지고, 십자가를 지지 않는다면 자유와 권리를 지켜 낼 방법이 없다.

이 정부 들어 언론 자유가 크게 위축된 것은 사실이지만 이는 착시를 가져다준다. 마치 정부가 언론 자유를 보장하기만 하면, 언론이 금방이라도 바로 세워질 것 같은 생각 말이다. 이는 사실이 아니다. 경험에 따르면 언론 자유가 최대치로 보장되었을 때조차 언론의 신뢰도는 바닥이었다. 언론은 민중의 신뢰를 이미 잃었다. 언론인의 역량과 자질, 도덕성은 바닥까지 추락했다. 진실과 정의를 추구하려 언론에 종사한다는 이를 찾아 보기 힘들다. 이들은 그저 기사를 쓰고 사진을 찍는 직업인들에 가까우며, 민중으로부터 얻는 신뢰를 쟁취하려 양심을 거는 언론인은 드물다.

이들은 주인이 아니다. 족벌 언론, 재벌 언론, 건설사 언론 등 언론의 주인은 언론인이 아니라 족벌, 재벌, 건설사다. 이들은 주인인 족벌, 재벌, 건설사를 따른다. 충실히 주인의 이익을 대변하고 천연덕스럽게 정치 편향적 글쓰기를 한다. 이들이 뚜렷한 목표와 이상을 가지고 주인으로서 기사를 생산하는 것이 아니라 기득권을 대변하고 정치적 중립성을 내팽개친 채로 글을 쓰는 이유다. 그러므로 민중이 주인인 언론이 필요하다. 민중이 명령하고 감시하고, 민중의 이익을 대변하는 언론, 진실을 말하는 언론이 필요한 것이다.

> 그들의 혀는 죽이는 살이라. 거짓을 말하며 입으로는 그 이웃에게 평화를 말하나 중심에는 해를 도모하는도다!
>
> – 예레미야 9장 8절

과학계에 오랫동안 종사한 이가 과학계에 더는 기대할 것이 없다고 말할 때 의미하는 바는 이것이다. 현재는 암울하나, 자성을 통해 발전할 필요가 있다. 즉 경종을 울리고자 하는 것이다. 언론에 대한 것도 마찬가지다. 나는 민중에게 고한다. 언론에 대해 기대하지 말라! **민주주의 원리가 그렇듯이 민중 스스로 언론이 돼라!** 스스로 생각하고 말하며, 정보를 수집하는 능력을 키워라! 그것만이 언론을 지킬 수 있는 유일한 방법이다. 언론이 좋아지기를 기대하는 것은 멍청한 일이 되었다. 캉디드는 이 말에 고개를 끄덕였다. 어찌, 이 나라 언론은 이 모양이 되었지? 캉디드는 탄식했다.

 언론이 권력을 비판해야 한다는 말은 맞다. 예를 들어 어떤 정치인이 이 사과는 맛있어, 라고 말한다면 언론은 생각해야 한다. 이 사과가 정말 맛있을까? 그는 왜 이 사과가 맛있다고 말했을까? 다른 이유가 있지는 않은가? 이것이 비판적 사고다.

 검찰 수사에 관련해서 언론이 보도할 때 이러한 비판적 사고가 필요하다. 검찰이 어떤 주장을 할 때, 언론은 그저 받아쓸 게 아니라 스스로 질문해 봐야 한다. 검찰이 왜 그렇게 주장하지? 정말 그 주장이 맞을까? 다른 이유가 있지는 않은가? 이것은 오늘날 대한민국 사회에서 검찰이 압도적인 권력을 행사하는, 합법적으로 물리적 폭력을 행사하는 국가기관이기 때문에 그러하다. 우리 사회 언론에는 이러한 균형 감각, 비판적 사고, 공정함이 없다. 검찰 편향, 권력 편향이란 비판이 나오는 이유다. 검사 출신 대통령을 향해 '이 조그마한 백', '두고 나온 것', '부부 싸움을 하셨는가'라고 말하며 애써 의미를 축소해 질문한 것은 이러한 언론의 태도를 상징적으로 보여 준다. 검찰이 주장하는 표창장, 인턴 활동, 논문 등에 대해서는 가차 없이 검찰 뜻을 따라 받아 적던 언론이 바로 그 검사 출신 대통령 앞에서 취하는 태도란 나약하고, 비굴하기까지 하다.

── '말'의 회복, '진실'의 회복

언어는 커뮤니케이션 매체다. 모든 매체가 그러하듯이 언어 역시 상징적인 양상과 악마적인 양상을 동시에 나타낸다. 합의를 언어의 유일한 본질로 보는 이들은 언어의 악마성을 인식하지 못한다. 반대로 언어를 지나치게 폭력에 가까운 것으로 만드는 이들은 언어의 상징적이고 소통적인 차원을 간과한다.

– 『폭력의 위상학』, 한병철, 5. '미디어는 매스-에이지다', 161p

오늘날 언론은 '기레기'로 인식된다. 비로 쓸어 낸 먼지나 티끌, 또는 못 쓰게 되어 내다 버릴 물건이나 내다 버린 물건. 도덕적, 사상적으로 타락하거나 부패하여 쓰지 못할 사람(쓰레기, 표준국어대사전). 이것이 쓰레기다. 기자와 쓰레기를 합친 말, 기레기는 민중이 언론을 어떻게 생각하는지 노골적으로 보여 준다. 쓸 수 없는 자, 타락하고 부패한 자, 내다 버릴 물건, 오늘날 언론은 그런 쓸모없는 대상으로 전락했다.

 기레기로 전락한 언론은 소통의 기능, 상징성을 상실했다. 이제 현명한 민중은 언론을 통해 소통하기를 거부한다. 언론엔 소통을 가능하게 하는 진실된 언어가 결핍되어 있기 때문이다. 사람들은 말한다. 언론은 그저 장사꾼들이야! 언론은 언어의 기능을 악마적으로 변질시켰다. 진실을 추구하려는 소명 의식, 권력을 비판하는 데 있어 중요한 균형 감각을 잃어버린 언론은 언어를 폭력으로 만들어 버렸다. 언론은 증오를 부추긴다.

새로운 언어폭력은 동일한 것의 무더기에서, 긍정적인 것의 대량화에서 태어난다.

-『폭력의 위상학』, 한병철, 5. '미디어는 매스-에이지다', 162p

받아쓰기, '복붙' 기사는 같은 것을 대량 생산한다. 언론사는 여럿이나 기사는 같다. 이는 같은 것의 지옥을 만들어 낸다. 검찰이 일으킨 혼돈 속에서 언론의 다른 시각, 다른 관점, 다른 주장은 찾아 보기 힘들다. 심각한 검찰 편향이다. 검찰이 손쉽게 여론을 조장하는 방식이다. 언론 기사는 산만하다. 정확한 맥을 짚어 내지 못하고, 겉을 헤맬 뿐이다. 핵심을 짚지 못하는 기사는 결과적으로 권력의 장막 이면을 들춰내지 못한다. 언론은 검찰이 하는 말을 받아 적고, 어리석은 군중은 기사를 보고 검찰의 표적을 증오하며 돌을 던진다.

(세상에 만연한 거짓과) 고통을 줄이고 싶은 사람, 존재의 흠결을 바로잡으려는 사람, 능력의 범위 안에서 최고의 미래를 끌어내려는 사람, 이 땅을 천국으로 만들려는 사람이라면 최고의 선을 위해 가장 소중한 것, 자신의 목숨을 포함한 모든 것을 기꺼이 희생할 것이다. 그런 사람은 결코 쉬운 길을 선택하지 않을 것이고, 아무리 험하고 힘들어도 의미 있는 길을 따를 것이다. 그런 사람들의 고결한 희생은 절망에 찌든 세상을 구원할 것이다.

- 『12가지 인생의 법칙』, 조던 B. 피터슨, 253p

10. 조국, 역사상 가장 잔인한 광기

—— 보복하는 검찰

> 소크라테스를 고발한 자들이 도대체 어떤 논거를 제시했기에 소크라테스가 나라에 죽을죄를 지었다고 아테나이인들을 설득했는지 나는 가끔 이상하게 여기곤 했다.
>
> - 『소크라테스 회상록』, 크세노폰, 14p

집단지성과 집단무지성이란 동전의 양면 같은 것이다. 그러나 이 둘의 차이는 하늘과 땅의 차이만큼 크다. 군중은 늘 폭탄 같은 위험성을 안고 있다. 군중의 분노가 늘 사회정의에 부합하는 것도 아니다. 어느 때엔 집단 착각이 일어나 군중의 분노가 무고한 이를 향한다. 이때의 군중이란 집단 광기에 사로잡힌 이들이다.

착각: 어떤 사물이나 사실을 실제와 다르게 지각하거나 생각함. (네이버 국어사전)

어리석은 군중은 역사 속 마녀사냥의 비극으로부터 아무런 교훈을 얻지 못한 이들을 가리킨다. 인간은 자기 생각을 바꾸기 싫어한다. 자기 생각이 틀렸다는 이면의 사실이 드러나도 무시해 버리고 고집을 꺾지 않는다. 그렇기에 악(惡)이란 의외로 평범하다. **사악함이란 인간 내면에 은밀히 똬리를 트는 교활한 뱀이다.** 600만 명이 넘는 유대인 집단 학살에 가담하거나 동조하거나 아무런 죄의식을 느끼지 못한 독일인은 그저 지금 우리와 같은 평범한 인간들이었다. 인간이란 본래 그러하다. 내가 학살자다, 하는 의식적 태도 없이는 우리 역시 그들과 다를 바 없는 악인(惡人)이 될 수 있다.

죄 없는 소크라테스를 고발하고 심판한 이들이 소크라테스보다 나은 사람들이었을까? 도덕적으로, 법률적으로! 이는 매우 중요한 질문이다. 심판이란 언제나 가장 간악한 자들로부터 기획되는 모순을 안고 있기 때문이다.

이제 가장 논쟁적인 주제에 대해 말해야겠다. 조국을 고발한 자들이 도대체 어떤 논거를 제시했기에 조국이 죽을죄를 지었다고 군중을 설득했는가? 조국 일가에 대한 전면적 수사는 표적수사인가? 검찰은 전방위적 수사를 벌였으나, 지혜로운 민중은 도리어 촛불을 들었다. 그들은 검찰의 정치 행위, 보복 행위에 대해 성토하며 조국을 옹호했다. 내가 조국이다! 검찰을 개혁하라! 검찰은 정치를 하고 있다! 검찰은 검찰개혁을 하려 하는 조국에게 보복하고 있다!

이 사건에서 중요한 한 가지는 수사를 주도한 이들의 이중성이다. 봉사활동, 인턴십을 가지고 마녀사냥을 주도한 이들의 진짜 모습은 우리를 놀라게 한다. 수사를 기획하고 주도한 검사들, 혹은 검사 가족의 불법 행위 의혹, 즉 논문 표절, 주가조작 등은 일반인의 상상을 초월한다. 조국의 법무부장관 낙마를 주도한 것으로 알려진 검사 윤석열은 부인과 장모 등 가족 모두가 수백억대 통장 잔고 위조 사기, 주가조작 등 중범죄 혐의를 받고 있다. 검사 한동훈 역시 마찬가지다. 그의 딸의 경우 한두 가지 혐의를 받는 게 아니다. '2만 시간 이상 무료 과외를 했다'는 취지의 허위 봉사활동 자료를 제출하고 지자체 포상을 받았고, 케냐의 대필 작가가 쓴 논문을 자신이 쓴 것처럼 해 해외 학술지 등에 게재하는가 하면 아랍에미리트의 수학 전공자가 웹사이트에 올린 문제 등을 표절해 전자책을 제작, 판매한 혐의도 있었다. 그러나 경찰은 간단히 면죄부를 주고 이 모든 사건을 종결했다.

> 통계를 보면 세 살짜리 아이들이 인간 종족 중에서는 가장 폭력적이다. 세 살배기 아이들은 발로 차고 주먹을 휘두르고 이로 깨문다. 다른 사람의 물건을 훔치기도 한다. 그것은 새로운 영역을 탐험하고, 분노와 좌절을 표현하며, 충동적인 욕망을 해소하는 행동이다. 그런데 그보다 더 중요한 이유는 허용되는 행동의 한계를 알아내려는 것이다.
>
> − 『12가지 인생의 법칙』, 조던 B. 피터슨, 189p

성경에 따르면, 카인[8]은 인류 최초의 살인자다. 카인은 악인의 대명사로 회자된다. 검찰은 카인의 업그레이드 버전이다. 세 살짜리 아이들보다 더 폭력적인 종족,

---

8) 카인: 창세기의 인물로, 아담과 이브의 아들이다. 성경에 따르면, 카인은 사람이 낳은 최초의 사람이자 살인자이며 그가 죽인 동생 아벨은 최초로 사망한 사람이다.

검찰이다. 검찰은 법 정신도, 양심도, 균형 감각도, 도덕도 없는 법 기술자들이다.

그가 죄가 중대하기 때문에 심판을 받는 것이 아니다. 때로 심판은 조작되고 기획된다. 한 인간을 상대로 국가가 나서서 전면적으로 조사한다면, 어떤 일이 벌어질지 아무도 모른다. 이는 만인에게 해당하는 이야기다. 국가가 조직적으로 합법적으로 나를 죽이려 든다면, 살아날 방법은 없다. 당신은 어쩔 수 없이 낙인찍힌 죄인이 될 것이고, 파렴치한으로 전락할 것이다. 그가 누구든 상관없이. 딸의 중학생 시절 일기장까지 뒤지고, 계좌를 다 추적하고, 주변인들까지 죄다 수사하며 거짓 증언을 하라고 압박하면, 없는 일까지 만들어 낼 수 있는 것이 검찰이다. 한 인간의 명예, 한 인간이 받던 사회적 존중을 무너뜨리는 일쯤은 간단히 해내는 것이 검찰이다. 검찰 개혁을 주창하는 이들 모두가 표적수사 대상이 되었다는 것은 결코 우연이 아니리라. 사법부는 이 점을 간과한다. 민중이 분노하는 이유다.

─── 법률 기득권자들

부족 시대에는 주술사가 있었다. 중세에는 성직자가 있었다. 그리고 오늘날에는 법률가가 있다. … 오늘날 우리의 문명사회(우리의 정부, 기업, 사적인 삶)를 운영하는 이들은 바로 법률가들이다. 대부분의 의원들은 법률가다. 그들은 우리의 법률laws을 만든다. 대통령, 주지사, 장관, 그들의 참모와 비서는 거의 모두 법률가다. 그들은 우리의 법률을 관리한다. 모든 판사는 법률가다. 그들은 우리의 법률을 해석하고 집행한다. 법률가 관여하는 곳에 권력분립의 원리는 존재하지 않는다. 모든 통치 권력은 오직 법률가에게 집중되어 있다. … 우리의 정부는 '인민의 정부가 아닌 법률가의 정부'다.

-『저주받으리라, 너희 법률가들이여!』, 프레드 로델, '현대의 주술사', 21~22p

사법부는 반성이 시원찮다는 이유로 공개적으로 조국을 꾸짖었다. 이러한 사법부의 판단은 검찰에 힘을 실어주고, 검찰 권력을 영속화시키는 결과를 초래한다.

조국 전 장관이 범행을 인정하거나 반성하는 태도를 보이지 않는다. 여러 차례 사과나 유감 표명은 했지만, 범죄 인정이 전제되지 않은 사과는 '진지한 반성'으로 볼 수 없다.

- 조국 법무부장관 2심 재판부

아니, 조국은 민중을 향해 십수 차례 공개적으로 사과했다. 지혜로운 민중은 선언한다. 사법부가 검찰에 놀아나는 한 그들은 정의의 마지막 수호자가 될 수 없어! 사법부 역시 개혁 대상이다!

또한 불의는 흔히 법의 자의적 해석, 즉 교활한, 더욱이 악랄한 법의 해석에 의해서도 발생한다.

-『키케로의 의무론』, 키케로, '도덕적 선에 대하여', 37p

검찰과 사법부 모두 법률의 수혜자다. 이들은 폭력의 일원이다. 전관예우, 영전, 퇴임 후 고액 연봉 등이 바로 이들이 공통적으로 누리는 혜택이다. 국회에서 법률가들(대부분 판검사)이 차지하는 비중은 15퍼센트 내외다. 3권분립이라고는 하나, 실제로 입법부 내에서조차 법률가들의 파워는 압도적이다. 민주주의의 진정한 사각지대다. 법률가들이 돈과 영예가 아니라 공동체의 복리 증진, 민중으로부터 얻는 명예를 중시하지 않는 한 이러한 사각지대는 계속해서 민주주의에 기생하리라. 민중은 말한다. 법률가들이, 검사와 판사들이 과연 민중의 이익을 진정으로 챙기고 우선순위로 두는 자들일까? 그들이 행정부, 사법부, 입법부를 사실상 장악하는 것이 민중에게 좋은 일일까?

> 공공(公共)에 관련된 고소들의 경우에 가장 먼저 요구되는 것은 대중이 재판에 반드시 참여해야 한다는 것입니다.
>
> – 『법률』, 플라톤, 316p

불경죄, 모독죄는 모두 괘씸죄다. 이는 하찮은 죄목이다. 즉, 중대한 범죄가 아니다. ― 그것이 실제로 범죄라고 해도 말이다. 사실은 범죄거리도 될 수 없지만. ― 소크라테스도, 예수도 모두 불경죄, 모독죄로 기소당했다. 소크라테스는 아테나 권력자들로부터, 예수는 유대교 권력자들로부터 증오를 샀다. 소크라테스는 독배를 드는 사형을 받았고, 예수는 십자가에 못 박혔다.

어떤 재판은 단순히 원고와 피고의 문제를 넘어선다. 어떤 수사, 어떤 재판은 폭력이며 독재다. 어느 때나, 어느 사회에서나 기득권은 법을 통해 역사의 진보를 가로막는다.

조국에 대한 사법부의 선고에는 검찰 폭력, 검사들의 횡포, 권력 남용에 대한 준엄한 심판이 없다. 조국에 대한 사법부의 실형 선고는 검찰의 정치 개입, 정치적 중립성 위반, 증오, 여론재판, 마녀사냥, 표적수사에 대한 아무런 경고와 징계, 처벌이 없기에 공허하다. 오직 검찰이 작성한 공소장과 검찰의 주장만을 받아들인 사법부의 판결문은 검찰의 폭력을 그대로 복붙(복사해 붙이기)했을 뿐이다. 민중은 분노한다. 이런 식이라면, 검찰의 폭력은 어떻게 단죄하는가? 검찰의 정치 개입, 표적수사 문제는 누가 처벌하는가?

법정은 자신의 교설을 이유와 논거를 들어서 제시할 것이나 그것이 헌법에 대해 가지고 있는 입장을 보존하기 위해서는 그 타당성에 대해서 시민 대다수를 설득시켜야 한다.

– 『정의론』, 존 롤스, 59절 '시민 불복종의 역할', 507p

검찰이 '말'과 '의사소통', '의논'과 '합의'를 거부하는 것과 마찬가지로 사법부 역시 '말'을 독점한다. 사법부는 신(神)이 아니다. 존 롤스가 말한 것처럼, **최후의 법정은 사법부도 행정부도 입법부도 아닌 전체로서의 유권자이다!** 사법부는 검찰의 주장만을 경청할 것이 아니라 민중의 말을 경청해야 한다. 지금 민중이 이 사건을 어떻게 생각하는지, 검찰권 남용에 대해 얼마나 분노하고 있는지 사법부는 듣지 않는다. 이 사건을 단순히 검찰과 조국의 싸움으로 봤다면, 사법부는 이 사건을 절반만 안 채로 재판에 임한 것이다. 이 사건은 단순히 봉사활동, 인턴십, 대학 과제의 진실에 국한되지 않는다. 사건의 실체는 검찰이 제시한 하찮은 혐의들보다 압도적으로 큰 것이다. 이는 검찰과 민주주의, 검찰과 민중, 검찰과 진실, 검찰과 정의 간의 다툼이다. 이 싸움에서 검찰이 이긴다면, 그다음에 나올 가장 첫 번째 피해자는 유권자요, 시민이며, 민중이다. 민중이 이 사건을 조국의 사건이 아니라 자기 자신의 사건으로 바라보는 이유가 여기 있다.

—— 내가 조국이다

> 너희 중에 죄 없는 자가 먼저 돌로 치라 하시고 … 그들이 이 말씀을 듣고 양심에 가책을 느껴 어른으로 시작하여 젊은이까지 하나씩 하나씩 나가고 오직 예수와 그 가운데 섰는 여자만 남았더라.
>
> – 요한복음 8장 7~11절

소크라테스를 죽인 것은 악법이다. 만약 그러한 혐의로 사형을 내린다면, 형을 면할 자가 없기 때문이다. 마찬가지로 검찰이 조국을, 조국 일가를 기소한 혐의로 기소하기로 치면, 우리 중에 형을 면할 자가 있는가?

내가 조국이다! 이 말은 두 가지 점에서 흥미롭다. 첫 번째는 법이 이러하다면 우리 중 누가 처벌을 면할 수 있겠는가, 하는 자각의 측면에서, 두 번째는 이러한 처벌이 부당하다는 민중의 선언이란 측면에서 그렇다. 만약 검사가 이러한 죄로 한 인간, 한 일가를 처벌하려 든다면 우리 중 무사할 수 있는 자가 몇이나 되겠는가, 하는 판단은 곧 검찰이 자신들을 개혁하고자 하는 법무부 장관에게 법으로 보복하려 한다는 분노가 담겨 있다. 이는 검찰이 가리키는 달에 매몰된 채 '검찰의 보복'이라는 사건의 본질을 보지 못하는 어리석은 군중과 대비된다.

따라서 명백한 사실은 예수가 국가에 대한 반역죄로 고발당했다는 점이다. 로마 총독 빌라도(필라투스)는 예수가 갈릴리 사람인 것을 알고, 그를 우선 속령 갈릴리의 태수 헤롯에게 보냈다. 헤롯이 생각하기에 예수는 어떤 무리를 이끌어 왕국을 얻으려고 꿈꿀 사람이 결코 아니었다. 그는 예수를 하찮게 취급했고, 다시 빌라도에게 돌려보냈다. 빌라도는 옹졸한 겁쟁이였던 터라 자신에게 항거해서 일어난 소요를 무마하기 위해 그를 단죄했다.

-『관용론』, 볼테르, 제14장 '예수 그리스도가 가르친 관용', 166p

반역(反逆): 나라와 겨레를 배반함. 통치자에게서 나라

를 다스리는 권한을 빼앗으려고 함. (네이버 국어사전)

반역죄란 그 시대, 그 사회의 지배적 권력에 대한 반역의 대가다. 어느 시대든 정의는 '말'로 세워지고, 악(惡)은 폭력으로 완성된다. 그렇기에 '말'이 어느 때, 어느 장소에서나 가장 위험한 죄로 다뤄진다. 폭력보다, 악(惡)보다 '말'이 가장 큰 증오를 부르는 것은 아이러니하다. 그것은 '말'이 지닌 위험성 때문이다. **정의를 세우는 '말'의 힘은 그 시대 권력, 기득권층을 위협한다.** 그렇기에, '말'은 늘 중범죄로 다뤄진다. 소크라테스는 '신성 모독죄', '젊은 세대들을 타락시킨 죄'로 기소당하고 사형을 당했다. '말'로 당대 사회의 권력을 거스른 죄다. 예수도 마찬가지다. 예수의 '말'은 당대 유대교 세력의 심기를 건드렸다. 십자가형은 로마법과 질서를 어지럽힌 모반에 대한 형벌이었고 주로 반정부 운동가들을 처벌하는 최고의 형벌이었다.

'말'은 민주주의에 생명력을 불어넣는 단 하나의 요소이지만, 폭력적 권력을 위협한다. 군인 시대에는 군인 권력을 거스르는 '말'을 하는 자들이 처벌되었다. 지금은 검찰 권력을 거스르는 '말'을 하는 자들이 처벌되고 있다. 폭력이 아니라 '말'이 가장 무겁게 처벌받는다. '말'에 의해 처벌되는 이들에게 셀 수 없는 혐의가 덧씌워지는 것은 우연이 아니다. '말'을 처벌할 수 없기에 이런저런 혐의를 덧씌우는 것!

> 감히 폭력을 행사하는 자에게는 적잖은 지지자가 필요하지만 설득할 수 있는 사람에게는 그런 지지자가 전혀 필요 없다. 그런 사람은 혼자서도 설득할 자신이 있으니까. 또한 그런 사람은 결코 살인을 저지르려 하지 않을 것이다. 살아서 고분고분 복종하는 사람의 목숨을 굳이 빼앗을 사람이 어디 있겠는가?
>
> – 『소크라테스 회상록』, 크세노폰, 23~24p

사법부의 선고에는 이러한 지배적 권력과 '말' 사이의 관계에 대한 이해가 결여되어 있다. 검찰이 이런저런 혐의를 갖다 붙였으나 이것은 그저 구실에 불과할 수 있다는 것을 보지 못한다. 그저 검찰이 작성해다 바친 공소장만 들여다본다면 사건의 본질, 사건이 지니는 중요한 맥락을 들여다볼 수는 없는 것이다.

최선의 복수 방법은 네 적처럼 되지 않는 것이다.

-『세네카의 인생론』, 마르쿠스 아우렐리우스, 87p

11. 노무현이 가르쳐 준 것

—— 인간 노무현, 정치인 노무현

현인은 자신이 가진 모든 것을 잠시 빌려 쓰는 것이라 생각하고 언제든 불만 없이 내려놓을 마음의 준비가 되어 있다.

- 『인생론』, 루키우스 안나이우스 세네카, 153p

숭고한 정신을 지닌 인간의 진면목이란 언제나 그 절반은 그의 삶에서 찾을 수 있고, 나머지 절반은 그의 죽음에서 찾을 수 있다. 인간 노무현, 정치인 노무현의 진면목은 그의 삶에서, 그리고 그의 죽음에서 엿보인다. 그는 의논하고 말하는 민주주의, 폭력에 대한 비폭력적 저항의 표상이다. 그는 이러한 높은 이상을 목표 삼아 도전했다. 그의 마지막은 이 사회의 폭력, 권력, 비참에 의연하게 대처하는 예시다. 기록에 의하면 빅토르 위고의 서거 땐 200만 명이 조문을 위해 줄을 섰는데, 노무현의 죽음에는 500만 민중이 조문 대열에 참여했다. 검찰은 노무현이 가진 존중 자산을 무너뜨리려 했으나, 그가 얼마나 민중의 존경과 사랑을 받았는지 증명하는 대목이다.

노무현은 민주주의, 의논, 토론, 의사소통을 말한 최초의 정치인이었다. 그는 토론자였고, 언제나 말로 상대를 설득하고자 했다. 명료하고 단호하게 말하는 자만큼 위험한 존재는 없다. 그는 '말'하고, '합의'하는 정치를 제안함으로써 기득권의 미움을 샀다. 기득권과의 은밀한 거래를 거부하고 민중을 택함으로써 증오를 불렀다. 그는 말의 힘을 숭상했고, 의논과 의사소통으로 모든 문제를 해결하려 도전했으며 순전히 '말'로 대통령 자리에까지 올랐다. 그가 지은 괘씸죄, 모독죄, 불경죄란 모두 그의 '말'과 연관된 것이다. 소크라테스와 예수가 기득권으로부터 증오를 받은 이유와 같은 맥락이다. '말'하는 이는 더 이상 말할 수 없을 때 차라리 독배를 듦으로써 '정의'의 길을 선택한다.

소크라테스, 예수, 노무현의 공통점은 쉽고 편안한 길

을 거부했다는 데 있다. 이들은 어둡고 폭력적인 세상에서 진실을 추구하고 정의를 실현하고자 했기에 시련을 겪었다. 이들은 무관심과 편의주의의 길을 걷지 않고 희생의 길을 선택했다. 민중은 이들에 대한 보답으로 존중 Respect이란 깊고 오래된 전통을 세웠다. 독재와 폭력이 이러한 존중 자산을 무너뜨리려 하는 것은 나름의 이유가 있다.

> 사탄은 희생의 거부를 상징한다. 교만과 앙심, 기만, 의식적인 악의의 화신이자, 인간과 하나님, 삶에 대한 증오로 가득한 존재다. 사탄은 악이 무엇인지 잘 안다. 악한 걸 알면서도 더 악하게 행동한다. 파괴적 욕망에 사로잡혀 의도적이고 계획적으로 사악한 행위를 저지른다.
>
> – 『12가지 인생의 법칙』, 조던 B. 피터슨, '쉬운 길이 아니라 의미 있는 길을 선택하라', 265p

'운동권 청산' 구호는 우연히 나온 것이 아니다. 이는 희생에 대한 거부이자, 폄하다. 이들은 민주주의 역사를 부정하고, 도리어 학살과 독재의 역사를 찬양한다. 이들에겐 고귀하고 숭고한 목표가 없다. 이들의 삶 속에는 희생의 단면을 찾아 볼 수 없다. **이들은 희생과 존중 자산을 허물어뜨림으로써 자신들의 폭력과 독재를 정당화한다. 이들이 근본적으로 증오하는 것은 희생, 바로 희생이다.**

—— 말

그것은 "재판소에서 더 확실하고 단호하게 해결"될 수 있겠으나, 이러한 부드러운 해결은 "모든 법질서와 폭력의 저편에서 이루어지는 것이라는 점에서 재판소의 해결보다 근본적으로 더 고차원적인 것"이다. "순수 수단의 정치"는 비범한 정치, 즉 법질서를 넘어서는 소통과 중재의 정치다. … 그것은 "폭력의 접근을 조금도 허용하지 않는" "'소통'의 본래 영역"이다.

- 『폭력의 위상학』, 한병철, 4. '폭력의 정치', 86p

바야흐로 세상 모든 일이 재판으로 종결되는 현실을 마주하고 있다. 법에 의한 해결은 폭력적이고 저급하며 야만적이다. 말과 의사소통, 의논을 잃어버린 사회는 모든 문제를 법으로 해결하려 든다. 그러나 소통과 중재의 힘은 법률에 의한 해결을 뛰어넘는다. 이는 비범하고 고차원적인 질서를 이룬다. 고도의 민주주의란 언제나 말이 제 기능을 수행할 때 작동되는 것이다.

말이 힘을 잃은 사회는 폭력과 법에 의해 통치받는다. 폭력적인 인간일수록 말이 아닌 법을 내세운다. 그들은 법으로 타자를 짓누르고 타자에게 보복한다. 말로 해결할 능력을 갖춘 이는 법을 필요로 하지 않는다. 말로 타자를 설득할 수 있는 이에게 폭력은 불필요하다. 그는 '말'이란 비범한 능력을 소유한 부드러운 해결자다.

> "의회Parlament"라는 단어는 프랑스어 동사 "parler"(말하다)에서 나왔다. 이에 따르면 서로 말을 나누는 것, 즉 토론이야말로 정치적인 것의 본질이다. 독재는 어떤 토론도 필요로 하지 않는다. 독재는 언어를 명령으로 환원한다. 명령은 말하기Parler가 아니다.
>
> – 『폭력의 위상학』, 한병철, 4. '폭력의 정치', 70p

정치의 본질은 토론에 있다. 토론의 정치는 '말'의 기능을 최고의 수준으로 끌어올린다. 독재자의 특징은 '말'을 하지 않는다는 데에서 발견된다. 독재자는 '말'하지 않고 명령한다. 독재자는 '말'을 두려워한다. 그는 공개적으로 '말'할 능력이 없다. 그렇기 때문에 독재자는 '공개'보다 '비공개'를 선호하고, '생방송'이 아닌 '편집'을 선택한다. 독재자는 의사소통과 의논의 힘을 모르기 때문에 만남 자체를 거부한다. 만남의 거부는 독재의 특징이다. **그는 홀로 결정하고, 민중을 향해 명령한다.**

───── '말' 하는 정치(인)

정치란 '말'의 향연장이다. 정치야말로, '말'의 위대성, '말'의 아름다움을 최상위 수준까지 끌어올린다. 정치는 말을 통해 극적으로 결론을 끌어내고 궁극적으로 사회를 정의롭게 만든다. 따라서 민주주의에 대한 혐오란 대부분 '말'에 대한 혐오로 나타난다. 어리석은 군중은 '말'을 오독한다. 그들은 '말'을 시끄럽다고 말하고, 말하는 이를 증오한다. 그들은 '말'의 힘에 대해 전적으로 무지하다. 그들은 도리어 폭력에 환호하고 광분한다.

소크라테스는 자신의 '말' 때문에 사형에 처해졌다. 소크라테스의 위대함은 그가 죽음을 의연하게 받아들였다는 데 있는 것이 아니라 그가 오직 말로 싸울 준비가 되어 있었다는 데 있었다. 예수 역시 '말' 때문에 십자가형에 처해졌다. 예수의 힘은 법이 아니라, 폭력이 아니라 순전히 '말'에 있었다. **폭력을 증오하고, 말을 숭상하는 자는 민주주의자다.** 그는 자유를 숭상하는 자이며, 만인의 행복을 위해 오직 말로 싸우는 이다. 그는 근본적으로 독재자가 아니다. 가장 큰 위기에 맞닥뜨렸을 때조차 그는 '말'을 무기로 꺼내 든다. 노무현이 모든 문제 앞에서 '토론'을 해법으로 꺼내 든 것은 결코 우연이 아니다. 조국조차, 자신이 검찰의 표적이 되고 언론의 사냥감이 되었을 때, 가족 전체가 위기에 처했을 때 '말'로 문제를 풀려 했다. 그는 국회에서 무제한 기자회견을 자청하고, 밤을 새워서라도 의혹을 소명하겠다고 선언했을 뿐이다.

어떤 질문도 사양하지 않고 밤을 새워서라도 소명하겠다!

― 조국, 기자회견 자청하며, 2019. 9. 2.

어리석은 군중은 '말'하고자 하는 이, '말'로 문제를 풀려 하는 자의 본성을 보지 못한다. 어리석은 군중은 참된 민주주의의 힘이 어디까지나 '말'로부터 나온다는 것을 모른다.

> 정치는 다시 "도덕성의 추진력들"과 연대, 정의, 인간존엄 같은 도덕의 가치들 앞에 고개를 숙여야 할 것이다.
> - 『오늘날 혁명은 왜 불가능한가』, 한병철, '괴물들이 사는 나라', 113p

선이란 늘 승리하기 때문이 아니라 그것 자체로 가치 있기 때문에 추구할 만한 것이다. **승리로 말하자면, 오히려 선은 악보다 불리하다.** 선이란 필연적으로 희생과 고난을 동반하지만 악을 행하는 데에는 이기심과 탐욕, 폭력만 있으면 되리라. 그러기 때문에 인간은 선보다 악에 취약하다. 어리석은 군중은 악에 이끌리고, 선동되며 자신도 모르는 사이 악에 가담한다.

> 볼지어다, 이들은 악인들이라도 항상 평안하고 재물은 더욱 불어나도다!
> - 시편 73편 12절

—— 주인성, 존중의 회복

 노무현이 가르쳐 준 것, 그가 남긴 교훈은 존중의 회복이다. 존중할 만한 대상을 존중해야 한다. 그들이 부당한 폭력에 의해 처벌의 기로에 놓였을 때 지혜로운 민중의 편에 서서 존중 자산을 지켜 내야 한다. 또한, 처벌받아야 하는 자에게는 합당한 처벌이 따르도록 요구해야 한다. 처벌을 면하려 법을 악용하는 자들을 단호히 단죄해야 한다. 법을 들먹이며 보복하려는 자들을 용서해서는 안 된다. 그것이 사회정의를 바로 세우는 유일한 길이다. 검찰과 언론은 이 길을 돕는 자들인가, 훼방꾼인가? 답은 독자 각자에게 맡기겠다.

 혼돈과 부조리는 우리가 만든 결과다. 거기 머물러 있다면 나아지는 것은 아무것도 없으리라. 인간은 누구나 실수하고 착각에 빠지며 오판한다. 그러나 잘못을 바로잡고, 올바른 결정을 내리는 존재로 서는 것 역시 인간의 몫이다. 실수를 내버려둔다면, 세상은 지옥이 될 것이다.

카를 융은 '어떤 나무도 뿌리를 지옥까지 뻗지 못하면 하늘나라까지 자라지 못한다'고 말했다. 당황스러운 표현이다. 추락하지 않고는 올라갈 수 없다니.

- 『12가지 인생의 법칙』, 조던 B. 피터슨, '쉬운 길이 아니라 의미 있는 길을 선택하라', 263~264p

융이 지적한 것처럼, 혼돈과 부조리 가득한 지옥은 뒤집어 말하면 이제 하늘나라를 향해 자라 올라갈 때가 되었다는 의미이기도 하다. **어떤 나무도 뿌리를 지옥까지 뻗지 못하면 하늘나라까지 자라지 못한다!** 그러므로 우린 희망을 품어야 한다. 공동체의 올바른 목표를 세워야 한다. 주인이 된다는 것은 편의주의를 버리고, 자기 짐을 지는 것이다. 민중을 옥죄고 세뇌하는 온갖 거짓 신화를 깨부수고 진정한 주인이 되어야 한다. 민주주의란 이러한 주인들이 모여 만드는 천국이다. 나 스스로 의지를 다잡고 참여하지 않는다면 아무것도 바뀌지 않으리라. 폭력이 지속되고 억울한 자들이 계속 생기며, 폭력과 독재의 보복이 난무할 것이다. 우리의 아이들이 어떤 세상에서 살아갈지 생각해 봐야 한다. 우리가 살았던 곳을 그대로 물려주어도 좋은지 판단해야 한다.

　의미란 개개인이 숭고하고 고귀한 목표를 향해 나아갈 때 비로소 생겨난다. 의연하고도 당당하게 그 길을 나아가는 자가 바로 주인이다. 자신을 거는 주인의 거룩한 희생은 공동체의 운명을 뒤바꾸는 힘을 지녔다.

　이제 캉디드는 긴 여정을 마쳤다. 그는 말한다. 이 땅엔 주인의 피가 흐르고, 존중 자산은 아직 다 무너지지 않았으며, 그러므로 희망이 있다고! '말'의 힘을 회복하고, 민주주의를 되살린다면, 폭력과 독재에 맞서 싸운다면 진정한 민중의 천국을 세울 수 있노라고!

　세상이 악할수록, 폭력이 기세등등할수록 진실을 말해야 한다. 정의를 위해 나부터 돌을 던져야 한다. 그리고 외쳐야 한다. 민중이 주인이다!

에필로그

 검찰은 최근 이재명 대표의 부인 김혜경을 7만 원으로 기소해 재판에 회부했다. 주가조작으로만 무려 23억의 부당 이익을 챙긴 김건희 모녀에 대해서는 기소는커녕 소환조사조차 하지 않았다. 이 두 사건의 크기는 수치로 단순 비교해도 대략 1:33,000이다. 김혜경이 1이라면, 김건희 모녀는 33,000이다. 더구나 식사 대접과 주가조작은 사건의 성격상 비교 대상이 될 수조차 없는 것이다.
 민중이 느끼는 분노, 불공정, 부정의란 결코 허상이 아니다. 1:33,000이란 현재 우리 사회의 정의와 부정의의 크기 차이, 공정과 불공정의 크기 차이, 말과 폭력의 차이를 드러낸다. 사회정의 수치가 1이라면, 사회부정의 수치는 33,000에 달한다. 사회정의는 공동의 자산이고, 만인이 공평하게 누려야 할 가치다. 비유하자면, 민중에겐 10,000원어치만 공기를 마시게 하면서, 자신들은 어두운 장막 뒤에 숨어 3억 3천만 원어치의 공기를 마시고 있는 것이나 다름없다. 주인인 민중을 홀대하고 방치하고 착취하는 것이다. 민중에 대한 배반이요, 도전이다.

"최후의 법정은 사법부도 행정부도 입법부도 아닌 전체로서의 유권자다!" 존 롤스의 선언과 같이 사회의 주인은 민중이다. 검찰이나 사법부, 정부가 이 사회의 주인이 아니다. 우리는 이 사실을 믿어야 한다. 잃어버린 용기와 야망을 되찾아야 한다. 민중을 미혹하는 각종 신화를 깨부수고 새로운 신화, 민중의 신화를 써 내려가야 한다. 1:33,000의 압도적인 부정의를 남발하고 지속하는 검찰 집단을 민중의 손으로 깨부수어야 한다. 그런 부정의가 다시는 이 땅에 발붙이지 못하도록 기초를 다시 세우고 정의의 뿌리를 새로 내려야 한다.

"악한 자들이 잘된다고 해서 속상해하지 말며, 불의한 자들이 잘 산다고 해서 시새워하지 말아라. 그들은 풀처럼 빨리 시들고, 푸성귀처럼 사그라지고 만다."

– 시편 37편 1~2절

정의는 늘 승리하지 않는다. **정의란, 그저 의로운 민중에 의해 더 단단해지고 더 바로잡히며, 하늘까지 더 높이 세워질 뿐이다.** 그러니 좌절해서는 안 된다. 불의와 악이란, 정의를 향한 드높은 민중의 야망을 부추길 뿐이다. 사악한 현실과 부정의에 절망하지 말고, 의연하고 당당하게 앞으로 나아가야 한다. 민중이여, 전진하자! 정의를 향하여!

민중의 역사는 곧 민주주의의 역사, 운동의 역사, 존중의 역사다. 민중은 결코 혼자가 아니다. 이러한 역사가 민중과 함께 가는 것이다. 민중이 바로 선다면 언론도, 검찰도, 정부도 바로 세워질 수 있다. 이 모든 것은 주인인 민중을 따라 다시 제자리를 찾을 것이다. 우리는 그 믿음을 포기해서는 안 된다.

우리는 정치적 중립성이란 헌법 원리에 따라 정치적 신념을 지킬 수 있고 양심에 반하는 폭력과 독재의 요구에 저항할 권리가 있다.

검찰정부의 혼돈은 예견되었다. 그들은 법을 공정하게 집행한 경험이 빈곤하다. 처벌권을 남용해 존중받아야 할 이들을 도리어 처벌하고 면죄부를 남발해 처벌받아야 마땅한 이들을 거꾸로 사면해 준 이 시대의 진정한 사기꾼들이다. 이들은 법률을 사유화하고 법의 정신을 비웃는다. 이들은 '말'과 존중 자산을 파괴하면서 폭력과 독재의 바이러스를 퍼뜨린다. 사회적으로는 재앙이요 민중에겐 지옥이다.

누군가 단언했듯이, 거부하는 자가 범인일 확률은 매우 높다. 민중은 진실을 요구하고 있다. 그 누구도 진실을 거부할 권리는 없다. 거부권은 민중에겐 반역이다. 더는 이러한 폭력과 기득권을 방치해서는 안 된다. 민중은 일어나야 한다. 주인으로서 자기 목소리를 드높여야 한다. 그것이 지금 이 세대가 다음 세대를 위해 해야 할 일이다. 썩은 해골을 골방에 감춘다면 다음 세대가 이 혼돈의 대가를 치러야 할 것이다.

민중이여, 우리는 결코 검찰의 부하가 아니다! 검찰은

민중 앞에 봉사해야 한다. 민중은 정부의 노예가 아니다! 정부는 민중을 위해 일해야 한다. 민중은 권력과 독재의 하수인이 아니다! 오히려 그 반대다. 그런데 '입틀막'이 웬 말인가? 이태원 참사 유가족이 아직도 거리를 헤매며 울부짖고 있다. 이는 정상이 아니다, 혼돈이다. 엉클어진 질서를 바로 세우자. 혼돈으로 점철된 의미와 가치 체계를 바로 세우자. 우리가 할 수 있는 것을 찾아서 실천하고 저항하자. 그것이 지금 우리가 할 일이다. 스스로 주인이 되기를 갈망하자!

> "떨지어다, 독재자들과 너희 배신자들,
> 모든 진영들의 수치여,
> 떨지어다! 너희의 패륜적인 음모들은
> 드디어 그 대가를 치르게 되리!
> 모두가 너희와 싸울 전사들이다!"
>
> – 「라 마르세예즈」(La Marseillaise, 프랑스 국가) 4절